Alphons Silbermann

Was ist jüdischer Geist?

Alphons Silbermann

Was ist jüdischer Geist?

Zur Identität der Juden

EDITION INTERFROM

CIP-Kurztitelaufnahme der Deutschen Bibliothek

Silbermann, Alphons:
Was ist jüdischer Geist?: Zur Identität d. Juden / Alphons Silbermann. —
Zürich: Edition Interfrom; Osnabrück: Fromm, 1984.
(Texte + [und] Thesen; 167: Sachgebiet Gesellschaft)
ISBN 3-7201-5167-0

Vertrieb für die Bundesrepublik Deutschland:
VERLAG A. FROMM, Osnabrück
Gestaltung: Zembsch' Werkstatt, München
Gesamtherstellung: Druckhaus Fromm GmbH, Osnabrück

Inhalt

Über das Real-Erfaßbare des jüdischen Geistes

Die Rede soll sein von dem viel gelobten, viel beklagten, viel verleumdeten und viel bekämpften jüdischen Geist.

Schon oft haben sich Philosophen, Psychologen, Soziologen, Anthropologen und Historiker dieser Frage gewidmet, um Herkunft und Auswirkungen des „jüdischen Geistes" zu erfassen. Als schädlich oder als nützlich, als etwas Positives oder als etwas Negatives hingestellt, wird der spezifisch jüdische Geist — ebenso übrigens wie der französische, deutsche oder keltische — bei seiner Umschreibung aus unterschiedlichen Blickwinkeln angegangen. Welcher Geist auch immer zur Diskussion steht, ob der auf Wissenschaft, Moral, Religion, Krieg, Philosophie oder Ökonomie bezogene, sehen die einen in ihm eine vitale Inspiration, die anderen einen immateriellen Bestand, ein Prinzip des intellektuellen Lebens, eine spezielle Eignung der Intelligenz und wieder andere ein Bewußtsein der Brüderlichkeit und der Hingebung zwischen den Mitgliedern eines Kollektivs.

Der Analyse eines Geistes liegen dementsprechend unterschiedliche Bezüge zugrunde. Soll er aufgezeigt und diskutiert werden, ist es nicht damit getan, ihn kurzum und global in die Rubrik „menschlicher Geist" einzureihen. So versuchten schon *Thomas Reid* in seinen 1785 erschienenen „Essays on the Intellectual Powers of Man" durch „innere Beobachtung" dem menschlichen Geist auf die Spur zu kommen, wie auch *Dugald Stewart* 1793 in seinem Werk „Elements of the Philosophy of the Human Mind" durch eine Beschreibung seiner Erscheinungsformen. Vor allem jedoch war es *Montesquieu*, der in seinem Werk „De L'esprit des lois" (1758, drei Jahre nach seinem Tode vollständig erschienen) Grundlegendes zur Analyse eines Geistes durch einen Bezug auf das *Real-Erfaßbare* vorgelegt hat. Da wir weder den Leser noch uns selbst der Gefahr aussetzen wollen, bodenlos einem Geist nachzugehen, bedarf es einer Richtlinie, die das Vorgehen bei der uns gestellten Aufgabe verdeutlicht. Wir haben eine solche nirgends sinnvoller finden können als bei Montesquieu: „im Angesicht von Realitäten" einen Geist aufzufinden, wenn es sich gegenständlich dabei auch nicht um den von uns zu diskutierenden handelt.

So werden wir in Anlehnung an Montesquieus Vorgehen bei der Erfassung des jüdischen Geistes versuchen, zwei Ideengänge miteinander zu verbinden, von denen keiner vernachlässigt werden soll, obwohl sich ihre Verbindung nicht ohne gewisse Schwierigkeiten herstellen läßt. Zum einen werden wir, ebenso wie so mancher Wissenschaftler vor uns, eine Vielzahl von partiellen Deutungen zu beachten haben; denn die Aspekte des Geistes eines Kollektivs — um als solches von den Juden zu sprechen — sind ebenso zahlreich wie die bestimmenden Einheiten, auf die sich die verschiedenen Aspekte kollektiver Lebenshaltungen zurückführen lassen. Zum anderen ist ein Weg einzuschlagen, der über die Nebeneinanderstellung von partiellen Beziehungen hinausgeht, um einen Geist zu erfassen, der das *Gesamt* der historischen Komplexe ausmacht. Dieses Prinzip der Gesamtheit, der Vereinigung oder Vereinheitlichung, das keineswegs im Gegensatz zur angeführten Vielzahl von partiellen Deutungen steht, sollte sich als Inhalt des Begriffs „Geist" demonstrieren lassen.

Von hier ist auszugehen, will man — in der Zeit gleichlaufend als auch evolutionär — die Gegebenheit „Geist" anhand ihrer Vergangenheit sowie ihres Bestehens in der Gegenwärtigkeit des uns interessierenden, als „die Juden" angesprochenen Kollektivs analysieren und von zusammenhanglosen Gegebenheiten zu einer verständlichen Reihenfolge vordringen.

Wird nun in diesem Zusammenhang von „jüdischem Geist" gesprochen, dann wird diese Formulierung regelmäßig mit der Begriffskonstellation „Geist des Judentums" variiert. Gleiches gilt für den „deutschen Geist" beziehungsweise den „Geist des Deutschtums", für den „christlichen Geist" beziehungsweise den „Geist des Christentums". Zu fragen bleibt, ob bei einer Behandlung des jüdischen Geistes diese vielverwendete Abtönung berechtigt und zulässig ist, oder ob sie eine Verlagerung der Problematik hervorruft. Diese Art der stellvertretenden Gleichsetzung von jüdischem Geist, d. h. Geist der Juden mit Geist des Judentums, bedeutet in der Tat eine Verschiebung der Ausgangsgrundlage. Sie führt nicht nur verwirrend, sondern auch die Problematik mit einem nebulösen Schleier umgebend, zu Aussagen, die mal „die Juden", mal „das Judentum" betreffen. Wir treffen in Aufklärungsschriften oder Behandlungen jüdischer Existenz-, Geistes- oder Kulturprobleme immer wieder auf diese Verlagerung, die in ihrer arbiträren Nutzung zumindest auf eine gewisse Unsicherheit hinweist, der wir nicht zum Opfer fallen wollen.

Sicherlich kann man sich die Sache dahingehend leicht machen, indem man bei der Gegenüberstellung von Geist der Juden (= jüdischer Geist) und Geist des Judentums „die Juden" als die Bezeichnung eines Volkes oder eines Kollektivs ansieht und „das Judentum" im Sinne von „die jüdische Religion" verwendet, so wie es der Ursprung des Begriffes nahelegt, wenn man ihn bis in die Antike zurückverfolgt. Dennoch werden in der Alltagssprache und im Gebrauch die Begriffe „Das Judentum" und „Die Juden" von Juden wie von

Nichtjuden uneingeschränkt zur Bezeichnung eines Volkes oder eines Kollektivs eingesetzt. Auch wenn es um erklärende, aufklärende, verteidigende oder anklagende Darstellungen und Vermittlungen des Geistes des oder der Juden geht, wird in ungenauer und verwirrender Weise auf Judentum Bezug genommen und werden darin neben religiösen Aspekten auch kulturelle, soziale, wirtschaftliche oder politische eingebracht.

Hier sei ein Beispiel angeführt, welches zeigt, daß diese Problematik immer schon zu höchst peinlichen Diskussionen geführt hat: Im Jahre 1931 erschien beim Verlag für Literatur und Politik (Wien/Berlin) ein von *Otto Heller* verfaßtes Buch mit dem Titel „Der Untergang des Judentums", das zwei Arten der Lösung der Judenfrage behandelte: die kapitalistische und die sozialistische. Die Einwände gegen die Schrift klammerten sich in erster Linie an die Benutzung des Wortes „Judentum" als einer Bezeichnung für die Gesamtheit der Juden. Denkt man ganz primitiv, so lautete ein Argument, läßt sich eine antisemitische Lösung vermuten, indem alle Juden plötzlich verschwänden. Denkt man etwas weiter, so ließe sich wegen des Anklangs des Titels an Spenglers „Untergang des Abendlandes" ein zionistischer Angst- und Warnungsruf vermuten. Und denkt man schließlich systemimmanent (also Lösung der jüdischen Frage durch Kapitalismus oder Sozialismus), dann werde unter „Judentum" eine besondere Existenzform angesprochen, die seit Jahrhunderten das Problem der Juden durch ihre Lebensbedingungen bestimmt. Es wird also „das Judentum" als Bezeichnung religiöser Anhaltspunkte mit „die Juden" als Bezeichnung sozialer Aggregate über den Begriff des Kollektivs unangemessen vereinheitlicht. Das betrifft natürlich auch den uns interessierenden Geist, den wir nicht aus den religiösen Anhaltspunkten des „Judentums", sondern aus den sozialen des Kollektivs „die Juden" herausarbeiten wollen. Dabei kann dahingestellt bleiben, ob die Begriffseinheit „Kollektiv" als Zusammenschluß, Zusammenfassung, Gemeinwesen oder Gemeinschaft, als Gruppe, Schicht, Körperschaft, Menge oder Masse aufzufassen und zu umschreiben ist — im weitesten Sinne beziehen wir uns damit auf einen Typ der Organisation, bei dem reziproke Verpflichtungen die Mitglieder geistig mit einer Anzahl von Gruppen verbindet.

Ohne hier auf die mannigfaltigen ähnlichen oder anderen Umschreibungen des Begriffs „Kollektiv" einzugehen, ist festzuhalten, daß sie alle vom Gedanken einer bestehenden *Gesamtheit von Gemeinsamkeiten* getragen sind. Diese Gemeinsamkeiten — mögen sie auftreten als Kollektivbewußtsein, Kollektivbedürfnis, Kollektivverhalten usw. — bedürfen zu ihrem Zustandekommen und zu ihrer organisierten oder unorganisierten, geregelten oder ungeregelten Bewährung gewisser Anstöße, die sich gemäß ihrer Herkunft als Motivation, Penetration, Fusion, Integration oder Verinnerlichung zu erkennen geben. Insgesamt können sie sich aus dem Bedürfnis nach einem Wir-Gefühl entwickeln, können durch Ereignisse, Zustände und von der Außenwelt erzeugten Druck entstehen — stets unterliegt ihnen ein *geistiger Prozeß*. Das heißt, daß der Geist Einzelne wie Kollektive durchzieht, aus sozialen Beziehungen und Interaktionen hervorgeht und zur Existenz gelangt. Mit anderen Worten: *Der Geist ist sozial begründet.*

Die soziale Begründung verpflichtet, dem Bestehen und der Dynamik des jüdischen Geistes *prozessual* entgegenzutreten, ihn also als geistigen Prozeß strukturell in die Mitte sozialer Systeme zu stellen, um von dort aus zu versuchen, ihn selbst und seine nach mannigfachen Richtungen sich bewegende Wirksamkeiten zu erfassen. Dadurch wird nicht etwa ein Weg gesucht, den Begriff „Geist" durch „geistigen Prozeß" zu ersetzen, sondern eine Annäherungsweise an den wie immer gearteten Geist verfolgt, die es erlaubt, religiöse, kulturelle, historische, politische, wirtschaftliche und soziale Situationen zu erkennen, in denen der Geist wirksam war und ist. Denn das Real-Erfaßbare des Geistes zeigt sich nicht in der Rekonstruktion eines Geistes, sondern in den Auswirkungen geistiger Prozesse, wie sie sich in Verbindung mit der historischen Mannigfaltigkeit nach innen wie nach außen manifestieren — bei den Juden wie bei ihrer Umwelt.

Nun stößt man allerdings bei der Analyse des jüdischen Geistes zuerst stets auf biologische Begründungen, die sich in Rassentheorien und Rassenlehren niedergeschlagen haben. Auf eine kurze Formel gebracht, lautet dann die These: Der jüdische Geist hat seinen Ursprung in der jüdischen Rasse und ist für diese typisch. Über die Herkunft dieser Theorien und ihre Pseudowissenschaftlichkeit ist viel geschrieben worden. Wenn sie abgelehnt wurden, geschah dies vor allem ob ihrer Zwiespältigkeit, indem bedacht wurde, daß der Mensch nicht nur ein biologisches Wesen ist, sondern auch bewußter Räsonnements fähig ist, und die Vernunft es ihm erlaubt, sich einen geistigen Spielraum aufzubauen; aber auch, weil anhand der Rassengeschichte der heutigen Völker eindeutig erkannt wurde, daß sogenannte „reine" Rassen längst nicht mehr bestehen: „reiner" jüdischer Geist also auch nicht rassisch bedingt sein kann. Alle Völker und Rassen sowie der ihnen eigene Geist haben sich entwickelt und entwickeln sich weiter. Das gilt auch für die Juden. Ohne im einzelnen auf die rassentheoretischen

Absurditäten und ihre grausamen Folgen einzugehen, ist festzuhalten, daß mit Bezug auf den jüdischen Geist von der Hypothese ausgegangen wird, daß er — im „rassischen" Sinn — als das Ergebnis biologischer Übertragung anzusehen sei. So wurde schon, lange bevor im 19. Jahrhundert *Arthur Comte de Gobineau* sein vierbändiges Werk „Essai sur l'inégalité des races humaines" (1853—1855, deutsch: „Über die Ungleichheit der Rassen") vorlegte und Richard Wagners Schwiegersohn *Houston Stewart Chamberlain* in „Die Grundlagen des 19. Jahrhunderts" (1899) den arischen Geist verherrlichte, die *Herkunft* des Geistes der Juden auf die Juden als gesamtheitliche Aggregate — Stamm, Gruppe, Volk, Nation, Glaubensgemeinschaft oder Rasse — zurückgeführt.

Auch die in der zweiten Hälfte des 18. Jahrhunderts aufgekommene Völkerpsychologie hat sich in ihren ersten Gehversuchen auf derlei unbestimmte Konglomerate bezogen, gar nicht davon zu sprechen, daß man sich auch von jüdischer Seite in erster Linie um eine religiöse oder ethnische Herkunftsbestimmung des jüdischen Geistes bemühte.

Was diesbezüglich an Thesen unterbreitet wurde, füllt ganze Bibliotheken. Ob gerechtfertigt oder nicht, sie gehen allesamt an dem Real-Erfaßbaren, dieser unabdingbaren Notwendigkeit zur Erfassung eines Geistes, vorbei. Auch ein mehr als einmal den Deutschen zugeschriebener „kriegerischer Geist" oder der den Franzosen entgegengehaltene „chauvinistische Geist" läßt sich nicht über die Analyse der Gegebenheiten „Krieg" oder „Chauvinismus" mit Bezug auf Germanen und Gallier erkennen, sondern ebenso wie der jüdische Geist nur an seinen *Auswirkungen,* soweit diese real erfaßbar sind, als Prozesse, die nach innen wie nach außen vermittelbar sich bezeugen. Es kann der ihnen unterliegende Geist nur für den Philosophen „an sich" und „für sich" sein; nicht aber für denjenigen, der sich für ihre *soziale Dynamik* im Rahmen der erdgebundenen Wirklichkeit interessiert.

Diese, der soziologischen Denkweise zugeneigten Ausführungen machen es erforderlich, nach Komplexen Ausschau zu halten, an denen sich die besagten Auswirkungen des jüdischen Geistes in ihrer sozialen Dynamik real erfaßbar aufzeigen lassen, und zwar, dies sei noch einmal zusammenfassend betont, ohne zu übersehen, daß es sich

a) um die Gesamtheit von Gemeinsamkeiten zu handeln hat (Kollektiv);

b) um den sozial bedingten Geist als sozialem Prozeß (soziale Begründung); und

c) um Situationen, in denen der Prozeß wirksam wird (Prozessualität). Nur so kann es gelingen, den jüdischen Geist dingbar zu machen, das heißt: inwieweit er sich nach außen hin von der jüdischen auf die nichtjüdische Welt bewegt und wie er nach innen das Kollektiv der Juden durchzieht. Auf dieser Basis sind als erstes Komplexe zu behandeln, die wir unter die Kennworte „Judaisierung", „Verjudung" und „Zusammenhalt" gestellt haben.

Bestimmungen des jüdischen Geistes aus der Sicht der nichtjüdischen Welt

Judaisierung

Religiöse Judaisierung

Der mit dem Schlagwort „Judaisierung" apostrophierte Komplex wird je nach seiner inhaltlichen Gestaltung als etwas vom jüdischen Geist herrührendes Positives oder Negatives gedeutet. Dort, wo von Judaisierung im Sinne von positiven und gültigen Leistungen und Einflüssen des jüdischen Geistes gesprochen wird, wo dieser Vorgang verteidigt, gelobt, hervorgehoben und als Auszeichnung angesprochen wird, findet er sich entweder im Felde des Religiösen oder in dem des Weltlichen als Beitragsleistungen zum nichtjüdischen Kultur- und Geistesleben. Bei der Einvernahme des jüdischen Geistes als Faktor im Religiösen handelt es sich meist um den Nachweis gewisser grundlegender Ideen jüdischer Glaubenssätze, die, aus biblischen Zeiten stammend und in andere Religionen übernommen, ihren Einfluß erwiesen haben. Sie alle im einzelnen an- und auszuführen, überschreitet die Grenzen dieses Essays. Wir werden uns auf die Fünf Bücher Moses (Altes Testament) beschränken, um hieraus stichwortartig einige Beispiele für den Geist anzuführen, dessen tiefere Durchdringung sich die Religionswissenschaften seit Jahrhunderten angenommen haben.

— Das geistige Bild des Herrn gründet sich auf seiner Eigenschaft als Kreator: Er erschafft die Welt, einen Lebensweg für den Menschen und ein Volk, das diesen Lebensweg in die Wirklichkeit umsetzt.

— Er verbietet alle Bildnisse, da nichts Physisches seinem Wesen Ausdruck verleihen kann. Der Schöp-

15

fer ist kein natürliches Objekt: Er ist Geist, nicht Fleisch, ist Gott, nicht Mensch.

— Der Menschen Wünsche und Ehrgeiz sind Eitelkeit. Sie sind Fremde auf der Erde, und ihre Tage sind gezählt. Nur Gott allein ist ewig; ist der Anfang und das Ende; der Erste und der Letzte.

— Nicht nur die Bejahung der Existenz Gottes vollzieht sich im geistigen Einflußbereich, sondern überdies auch die Vorstellung, von welcher Art von Gott gesprochen wird: Er ist gerecht und stellt große Anforderungen; hat den Menschen das Gute angezeigt, nach dem sie leben sollen; ist anspruchsvoll und herrscht mit strenger Hand; besinnt sich auf Gnade und Barmherzigkeit, zögert aber auch nicht vor Zorn, vor allem wenn die Menschen treulos werden, töten, grausam oder bestechlich sind und Bedürftigen die Türe weisen.

— In der Welt des moralischen Handelns treffen sich Göttliches und Menschliches. So wie Reue einen neuen Menschen schafft, nimmt auch bei jedem rechten Tun der Mensch teil am Schöpfungswerk Gottes.

— Das menschliche Tun ist nicht unumgänglich; es ist weder physisch von außen noch biologisch von innen bestimmt: Es ist, was der Mensch tut, nicht was sich ihm ereignet; es ist das Ergebnis moralischer Auswahl und führt von der charakterlichen Wesensart hin zu Antrieb und Absicht.

— Tun als bedeutsames Handeln ist eines der Charakteristika jüdischer Geistes- und Gedankenwelt, die nie in der Sphäre des Abstrakten verbleibt. Auch Doktrin drückt sich in Handlung aus, und Handlung umfaßt Doktrin, d. h., Tun und Doktrin sind eins.

— Im Willen und in der Weisheit Gottes wird die Grundlage für die Existenz entdeckbarer Gesetze gesehen. Sie sind nur durch den Einsatz rationaler Denkarbeit erfaßbar, zumal der Gesichtskreis des Menschen nicht-endend ist und seine Erklärungen und Auslegungen nie die ganze Wahrheit erfassen.

— Wo es der Menschen Wunsch ist, auf dem rechten Pfad zu wandeln, und hierzu den rechten Geist aufbringt, schwebt die helfende Hand Gottes über ihnen. Der Mensch betet, auf daß ihm Stärke verliehen werde, sich selbst zu finden und sein Schicksal auf sich zu nehmen.

— Das auserwählte Volk ist nicht gut, weil es auserwählt ist; es ist auserwählt, weil es gut ist. Die Fortdauer des Auserwählt-Seins hängt von der Fortdauer des Gut-Seins ab: Gott dienen für das Wohl der Menschheit; der Menschheit dienen im Namen Gottes.

— Viele Götter bedeuten viele Richtmaße; denn was ein Gott mißbilligt, mag ein anderer billigen.

— Gewissen bedeutet Verantwortung, und verantwortlich sein heißt, über seine Handlungen Rechenschaft ablegen zu können.

Schon diese wenigen geistigen Leitgedanken haben in einer Weise religiöses Denken, Handeln und Verhalten der Menschen durchzogen, daß sie sich — von jüdischer wie nichtjüdischer Seite befolgt, abgewandelt oder angegangen — in unseren Tagen wie abgegriffene Redensarten anhören. Doch die Tatsache, daß man sich an das aus dem Jüdischen kommende Gedankengut in bezug auf Gott und des Menschen Gewissen sozusagen „gewöhnt" hat, schmälert nicht seine Bedeutung noch seinen entscheidenden Einfluß auf den Geist der Menschen. So läßt sich denn die oft vernehmbare Frage stellen: Was wäre wohl aus der Welt geworden, wenn jüdisches Geistes- und Gedankengut nie existiert hätten? Die bezeichnende Antwort, die hierauf gegeben wird, lautet stets, daß dann weder Monotheismus, noch

Christentum, noch Islam mit ihrem religiösen, geistigen, ethischen und moralischen Gehalt entstanden wären. Und wenn dieser globalen Aussage noch Einzelheiten dergestalt hinzugefügt werden, daß ohne das religiös-geistige Erbe der Juden beispielsweise Freiheitsstreben, Hygiene, Gewährung der Menschenwürde oder gar die Organisation von Gemeinwesen nicht entstanden wären, dann könnte der Eindruck entstehen, das Spirituelle werde vom Profanen überragt.

Doch dem ist nicht so, weil auch diesen Gegebenheiten ein spezifisch jüdischer, die Fünf Bücher Moses durchziehender Geist zugrunde liegt, der, in seinen Auswirkungen als Judaisierung bezeichnet, die *Beziehungen zwischen den Menschen* anspricht. Dies geschieht unter anderem dort, wo die Heilige Schrift sich mit der Organisation des jüdischen Gemeinwesens befaßt. Davon ausgehend, daß Gemeinwesen sich aus individuellen Einzelwesen zusammensetzen und das Leben von individuellen Einzelwesen gelebt wird, präsentiert sich die Bibel wie die geistige Welt von Einzelpersonen: Abraham, Jakob, Moses, Elias, Jeremia, Josef, Daniel, Jona, Melchisedek, Lot, Jeftah usw. Diese Personalisierung, die bis in das Denken in Termini einer Menschen-Familie hineinreicht, hat zur Folge, daß Mensch-zu-Mensch-Beziehungen aufgezeigt werden, wie zum Beispiel in der Figur des protestierenden Hiob, der das Wesen des Protests offenlegt.

So wußte denn das Alte Testament neben und zusammen mit einer Doktrin von Gott auch eine Doktrin vom Menschen zu postulieren: daß Menschen keine Dinge sind, menschliche Wesen nicht wie Werkzeuge zu behandeln sind, Beziehungen ebenso wie Haltungen von Mensch zu Mensch persönlich sind, weil jedes menschliche Wesen in sich die Ähnlichkeit Gottes hegt; daß Macht, Rang, Reichtum oder Armut belanglos sind und nur Mensch als Mensch von Bedeutung ist, kurzum, daß alle Menschen im wesentlichen gleich sind, wie immer unterschiedlich ihre Verhältnisse und ihre Gaben auch sein mögen. Auch das sind Facetten des jüdischen Geistes, der für die einen im Guten, für die anderen im Schlechten als „Judaisierung" gelobt oder angeprangert werden. Noch manche andere Gedankengänge lassen sich aufzeigen, die, den Denk- und Handelsrahmen Andersgläubiger berührend und als Judaisierung bezeichnet, positiv oder negativ kommentiert werden. Da wären der grundlegende Ausgleich zwischen Partikularismus und Universalismus oder das vom Ursprung her nicht dem Vernunftstreben nach Erkenntnis jenseits der Sinnenwelt gelegene Denken, und nicht zuletzt die Überzeugung, daß endgültig Gerechtigkeit, Frieden und das Gute in der Welt regieren werden.

Hier ist anzuhalten, wollen wir uns nicht in Sinndeutungen verlieren, die über die Eigentlichkeit unseres Themas hinausgehen. Aufzuzeigen war, was es auf sich hat, wenn im Religiösen, im guten oder schlechten Sinne, von dem als Judaisierung zum Ausdruck gebrachten jüdischen Geist gesprochen wird. Gehen wir jetzt vom Geistlichen zum Weltlichen über und sehen uns dort an, wo die nichtjüdische Welt den Juden und ihrem Geist Judaisierung zuschreibt.

Weltliche Judaisierung

Im Weltlichen tritt das Judaisierungsgeschehen als Ausfluß des jüdischen Geistes dort in Erscheinung, wo Leistungen von Juden als „Beitrag der Juden zum Geistes- und Kulturleben einer Gesellschaft" figurieren. Hierzu gibt es Zusammenstellungen von jüdischen Persönlichkeiten, die in der nichtjüdischen Welt mehr oder weniger prominent in Erscheinung getreten sind. Diese im Rückblick Verdienste oder Verluste anzeigenden Auflistungen wurden besonders im deutschen Kulturkreis aktuell, nachdem das grausame Regime des Nationalsozialismus alles eliminiert hatte, was auch nur den Anschein des Jüdischen aufwies. Typisch für diese Einordnungen sind beispielsweise die von *Bernt Engelmann* gezogene Bilanz in „Deutschland ohne Juden" (München 1979) oder das von *Siegmund Kaznelson* herausgegebene Sammelwerk „Juden im Deutschen Kulturbereich" (Königstein/Ts., 3. Aufl., 1962). Will man diese lobenswerten Unterfangen weder als biedere Wiedergutmachung noch als unentgeltlichen Philosemitismus sondern als dokumentarische Unterlagen für Erkenntnisse des jüdischen Geistes in seinen Auswirkungen heranziehen, dann sind Leistungen bzw. Beiträge der angeführten Personen — sollen sie nicht in ein falsches Licht geraten — in den Rahmen von Statistiken einzubringen, die, was den hier als typischen Fall genommenen deutschen Kulturkreis betrifft, das demographische Bild der Juden einigermaßen beleuchten.

Sehen wir uns als erstes die Verteilung der jüdischen Bevölkerung in Deutschland an, die wir aus dem 1935 erschienenen Philo-Lexikon, Handbuch des jüdischen Wissens (Philo Verlag, Berlin, S. 146, Neuauflage 1982) wörtlich zitieren:

„*Statistik:* Juden in Deutschland etwa 3 % aller Juden der Welt. 1871: 512 000 Juden (auf 1000 Reichsdeutsche etwa 12—13 Juden), 1910: 615 000 (Höchstzahl), 1925: 564 000 (0,9 %); Abwanderung seit 1933 etwa 40 000—60 000, Mitte 1934 Gesamtziffer ca. 500 000 bis 520 000 (0,8 %), dazu etwa 150 000—175 000 Personen jüdischer Abstammung. 1925 etwa $2/3$ in Großstädten, 1934 vielleicht knapp $9/10$ (zahlreiche Dorf- und Kleinstadtgemeinden aufgelöst). Größte Gemeinden

(1925): Berlin 175 000, Frankfurt/M. fast 30 000, Breslau über 23 000, Hamburg 20 000, Köln über 16 000, Leipzig ca. 12 500, München ca. 10 000, Hannover und Düsseldorf je über 5000, Königsberg, Essen, Stuttgart je über 4000." Um diese Angaben, die je nach der Quelle um einige wenige Prozente variieren können, noch zu verdeutlichen, sei aus dem Statistischen Jahrbuch 1893, S. 8, angeführt, daß es nach der Zählung des Jahres 1890 unter 48 847 271 Einwohnern im Deutschen Reich 567 884 Juden gab, und zwar waren unter 10 000 ortsanwesenden Personen jeweils 115 Juden.

Noch eine weitere Statistik sei herangezogen, um die rechten Proportionen zu vermitteln, nämlich die Besetzung der einzelnen Berufsklassen mit Juden im Deutschen Reich. Wir entnehmen sie dem Standardwerk „Soziologie der Juden" von *Arthur Ruppin* (2 Bde., Jüdischer Verlag, Berlin 1930/31, Band I, S. 357), in dem die folgende Aufstellung aus dem Jahr 1907 angeführt wird.

Anteil der Juden an der Gesamtbevölkerung		*Anteil der Juden unter allen Erwerbstätigen in %*	
		Land- und Forstwirtschaft	Industrie und Handel
1,0		0,04	0,06
Handel und Versicherung	Verkehr und Transport	Öffentlicher Dienst und freie Berufe	Armee und Marine
4,2		1,1	—
Tagelöhner und und Lohnarbeiter wechselnder Art	Häusliche Dienstboten	Ohne Beruf	Ohne Berufsangabe
0,3	0,3	1,6	

Innerhalb dieser Größenordnungen finden sich mit Bezug auf den judaisierenden Beitrag der Juden Argumentationskonstrukte für und wider den (judaisierenden) jüdischen Geist aufgebaut. Entweder wird er freischwebend, will sagen, nicht real erfaßbar angesprochen oder außerhalb von Beziehungen angegangen, die ihn überhaupt erst nach vorne kommen lassen. Dementsprechend werden mit der auf Judaisierung verweisenden Begriffskonstellation „Beitrag der Juden" landläufig eher Stimmungen erzeugt, als Nachweise erbracht. Mehr noch: Es werden durch die Aufreihung von personenbezogenen Beiträgen mutwillig oder unabsichtlich Problemkreise angerissen, die einer Erkenntnis der Auswirkungen des zu analysierenden Geistes insofern im Wege stehen, als sie unweigerlich zu Gewinn- und Verlustrechnungen führen müssen. Doch kann der Beitrag — hinter dem ein wie immer gearteter Geist steht — nicht einfach übergangen werden, zumal er gemäß des Ansatzes unserer Analyse der Veranschaulichung des bei unseren Betrachtungen einzubeziehenden historischen Geschehens dient. Hierbei werden wir uns einer soweit wie möglich objektiven Vorgehensweise zu befleißigen haben, die, da der Verfasser selbst Jude ist, angesichts ihrer Rigorosität eines gewissen Mutes nicht entbehrt.

Wird, um in einem erfaßbaren Rahmen zu bleiben, vom judaisierenden Beitrag der Juden zum Kultur- und Geistesleben in Deutschland gesprochen, dann würde ein ausgemachter Judenfeind in dieser Formulierung die Bestätigung des von den Antisemiten schon lange vor dem Aufkommen des Nationalsozialismus verbreiteten Diktums vom „Juden als Fremden" sehen, von einem Fremdling, der dem deutschen Kulturkreis — ohne ihm anzugehören — im Guten oder Schlechten nur etwas „hinzugefügt" hat. Ein aufgeklärter Mensch wüßte von Internalisierungs-, Assimilierungs- und Integrationsprozessen der Person in Kultur und Geist einer Gesellschaft zu sprechen, wissend, daß diese von geschichtlichen Entwicklungen abhängig sind. Das heißt, daß sich in der Relation zwischen Minorität und Majorität, also zwischen Juden und Deutschen, ein kultureller und geistiger Prozeß vollzieht, der sich als *Eindeutschung* ansprechen läßt. Gab es doch nachgewiesenermaßen schon vor der Völkerwanderung, vor dem Eindringen der Germanen in den äußeren Westen, Juden in Deutschland. Und nachdem unter Karl dem Großen (768—814) die Besiedlung des Rheins mit jüdischen Kolonien begonnen hatte, erreichten im 10. Jahrhundert jüdische Ansiedlungen etwa die Elblinie. Sie waren Händler, Grundbesitzer, Bauern, Winzer, Handwerker. Ihr Verhältnis zum Volk war durchaus normal, ihre soziale Lage befriedigend; als waffenfähiger Teil der Bevölkerung stellten sie ihre Tapferkeit bei Belagerungen und ähnlichen Anlässen unter Beweis. Der Prozeß der Eindeutschung vollzog sich ungehindert: Deutsch, auch im Gottesdienst gebraucht, wurde zur Muttersprache; mittelhochdeutsches Sprachgut wurde in den Jargon übernommen, deutsche Namen ersetzten die jüdischen; deutsche Sagen und Dichtungen fanden durch Um- und Nachdichtung Eingang in den jüdischen Kulturkreis; jüdische Sittenschriften wurden nach deutschen Vorbildern verfaßt; deutsche Bräuche bei Hochzeiten und Tod übernommen und noch so manches andere mehr.

Erst als die Kirche im Zuge der Errichtung ihrer Machtposition eine unüberbrückbare Kluft zwischen Christentum und Judentum aufriß, wurde der Eindeutschungsprozeß unterbunden und eine in politischer, wirtschaftlicher, sozialer, kultureller und geistiger Hinsicht völlige Trennung zwischen Juden und

Christen erzwungen. Es folgte die jahrhundertelange Gettozeit, begleitet von Verfolgungen, Diskriminierungen, Mord und Totschlag.

Erst im 18. Jahrhundert und im Geiste der Aufklärung begann für die Juden eine zweite Eindeutschungsperiode. Dieser sich lange hinziehende Vorgang, der die Bezeichnung „Emanzipation der Juden" erhielt, vollzog sich rechtlich mit der Einbürgerung der Juden zunächst in einzelne deutsche Staaten, dann endgültig mit der gesetzlich festgelegten „bürgerlichen und staatsbürgerlichen Gleichstellung" im Jahre 1869. Damit waren den Juden nach außen hin die Voraussetzungen für ein erneutes Hineinwachsen in das deutsche Kultur- und Geistesleben gegeben und nach innen hin die Möglichkeiten zu aktiver Teilnahme. Es ist diese innere Seite der Einbürgerung, die der Aufnahme der deutschen Kultur und des deutschen Geistes als aktive Teilnahme am deutschen Kultur- und Geistesleben entspricht. Nur so, *aus einer Wechselbeziehung entstanden,* nimmt der in alle möglichen Richtungen sich bewegende Beitrag der Juden feststellbare Formen an. Die wechselseitige Abhängigkeit läßt sich de facto nicht nur an den Designationen „Deutscher Jude" oder „Deutscher Staatsbürger jüdischen Glaubens" erkennen, sondern als aktive Teilnahme auch an der in unseren Tagen geläufigen Sentenz: Die gewalttätige Vertreibung der Juden aus dem deutschen Geistes- und Kulturleben hat unserem Land endlosen Schaden zugefügt.

Damit wird der eindeutschende Beitrag als Entdeckungsfeld für den jüdischen Geist höchst problematisch. Denn unvermeidlich stellt sich die Frage, ob diese oder jene Kontributionen von deutschen Juden oder jüdischen Deutschen geleistet wurden — ein Zwiespalt, der zum einen tief in die Ansichten der vom Nationalsozialismus propagierten und exploitierten

Rassentheorien geführt hat, und zum anderen, nämlich bei den Juden selbst, zu überschwenglichen Vaterlandsbezeugungen sowie einem Sich-Brüsten mit gewissen Koryphäen des Kultur- und Geisteslebens, wenn diese der jüdischen Religionsgemeinschaft angehörten oder angehört hatten. Mit dieser axiomatischen Bezugnahme auf die Religionszugehörigkeit des Beitragenden wird die gegenseitige Beeinflussung von jüdischem und deutschem Geist als wechselseitiger Komponente des Beitrages übergangen, um in Unsicherheit und konfliktgeladenen Vorstellungen zu enden. Kennen wir doch eine Anzahl von bedeutenden Personen — ich nenne z. B. den Komponisten Felix Mendelssohn-Bartholdy —, die aus jüdischen Familien stammend entweder schon im Kindesalter christlich getauft und erzogen wurden oder im Laufe ihres Lebens — ich nenne z. B. Heinrich Heine — zum Christentum übergetreten sind. Sind sie als Juden anzuführen; spricht aus ihnen jüdischer Geist?

Diese wahrlich heikle Frage wird in enzyklopädischen Zusammenstellungen jüdischer Provenienz, beispielsweise in der „Universal Jewish Encyclopedia", schlicht dadurch umgangen, daß unter Zusammenführung von Bedeutung und Herkunft die betreffende Person der Judenheit zugeschrieben wird, wenn auch mit Vermerken versehen wie „getauft", „übergetreten" und ähnlichen. Das gleiche gilt für Kompilationen, die sich bei der Einreihung von Personen als Juden auf Begriffe wie Judenstämmling, Voll-, Halb- oder Vierteljude beziehen. Sie übernehmen nicht nur eine bis dato nicht geläufige Terminologie der antisemitischen Nationalsozialisten, sondern lassen sich indirekt von deren perfiden „Nürnberger Rassengesetzen" leiten. Eine täglich zu beobachtende Untunlichkeit macht sich breit: Handelt es sich um einen schon in seiner Kindheit konvertierten Juden, beispielsweise Karl Marx, dann wird je nachdem, ob sein Beitrag als positiv oder negativ angesehen wird, dieser entweder von den Juden als einer der ihren reklamiert oder lautstark als ihnen nicht zugehörig betrachtet. Im Grunde genommen müßte also in jedem einzelnen Fall der Frage nachgegangen werden, ob beispielsweise Konvertierung aus Opportunismus oder Überzeugung geschehen ist, oder ob man sich besser an disputable religionstheologische Auslegungen hält, mit der Frage nach der Religionszugehörigkeit der Mutter. Im allgemeinen wird bei Analysen der von Juden geleisteten Beiträge und dem diesen zugeschriebenen jüdischen Geist letztendlich das Element „Religionszugehörigkeit" relativiert. Das heißt, man hält sich durchweg an in jüdischer wie nichtjüdischer Literatur gepflegte Usancen und deklariert soweit möglich auch diejenigen Personen als mit jüdischem Geist ausgestattet, die zumindest Sprößlinge einer jüdischen Familie waren.

Wie immer man auch diesem und dem oben als Wechselbeziehung angesprochenen Problemkreis gegenüberstehen mag, offensichtlich kommt es einem vergeblichen Versuch gleich, aus „Beiträglichkeiten" auf real erfaßbaren, zur Judaisierung führenden jüdischen Geist zu schließen. Denn, um es ausdrücklich zu betonen, nicht um Gegebenheiten wie Intellekt, Intelligenz, Verstand, Veranlagung, Talent oder Scharfsinn handelt es sich, sondern um die Absolutheit des spezifischen jüdischen Geistes in seinen Auswirkungen. Ohne auch nur einen Augenblick daran zu zweifeln, daß besagter Geist spezifisch ist und auch im Beitragsgeschehen eine Rolle spielt, wird sich seine Analyse, soweit es sich um eine durch ihn hervorgerufene Judaisierung handelt, auf seine Manifestationen beziehen müssen, so wie sie von der *nichtjüdischen Umwelt* gesehen werden. Nach wie vor gilt die soziologische Erkenntnis, daß die „bedeutsamen Anderen" durch ihre Manifestationen der Erkenntnis eines bewegenden Geistes Verdeutlichung zu verleihen in der Lage sind.

Verjudung

Damit kommen wir zu dem Komplex, der mit dem unschönen Wort „Verjudung" zu bezeichnen ist, ein Ausdruck, der von Judengegnern unterschiedlicher Couleur geprägt und mit unterschiedlichen Inhalten ausgefüllt worden ist. Als Gegner, Feinde, Verächter, Ankläger, Beherrscher oder Vernichter erfüllen sie für das Leben der Juden die Stellung „bedeutsamer Anderer". Sind sie es doch, wenn auch nicht nur sie, die den jüdischen Geist und seinen Einfluß für die nach ihrer Ansicht bestehenden Übel hier oder dort verantwortlich machen, als Ungeist bekämpfen und, um ihren Argumenten Wirkungskraft zu verleihen, ihn herausfordern und dann exponieren. Gesprochen wird von der „Sünde wider den Geist", „geistigem Unvermögen" oder „Entartung", von „Kulturschmarotzertum", „Vernichtung gültiger Wertmaßstäbe", „schädlichem, zerstörerischem und zersetzendem jüdischen Geist", von „geistiger Unfruchtbarkeit", „Andersartigkeit", „talmudischer Unmoral", „Vergiftung der Seele" — alles dies und noch vieles ähnliches mehr wird unter dem Begriff „Verjudung" subsumiert.
Diese sich auf den jüdischen Geist beziehenden schlagwortartigen Redefiguren werden konkretisiert, indem sie — zu Stereotypen geworden — mit Betätigungsfeldern in Bezug gesetzt werden, so daß sich kundmachen läßt, sie seien durch den jüdischen Geist verjudet. So entstehen zur Allgemeingültigkeit erhobene Vorstel-

lungsinhalte wie beispielsweise: „Die verjudete Regierung", „Verseuchung des Staatslebens", „Judenpresse", „Liberale Theologie im Banne alljüdischer Ideen", „Jüdische Internationale", „Jüdischer Marxismus", „Jüdischer Materialismus", „Schaffendes und raffendes Kapital", „Beherrschung des Wirtschaftslebens" usw. Nicht zuletzt wird auch eine Verjudung der Literatur, der Musik und anderer Kunstformen angeprangert, die zu solchen Veröffentlichungen geführt hat wie dem von *Philipp Stauff* verfaßten berüchtigten „Semi-Kürschner" mit dem Titel: „Literarisches Lexikon der Schriftsteller, Dichter, Bankiers, Geldleute, Aerzte, Schauspieler, Künstler, Musiker usw. jüdischer Rasse und Versippung, die von 1873—1913 in Deutschland tätig oder bekannt waren", oder aus den Zeiten des nationalsozialistischen Regimes beispielsweise die von *Christa Maria Rock* und *Hans Brückner* herausgegebene Schrift: „Judentum und Musik. Mit dem ABC jüdischer und nichtarischer Musikbeflissener" (München 1936).

Die oben angeführten stereotypen Verallgemeinerungen einer Verjudung in Personenbezogenheit gebracht, wird je nach dem Teilgebiet (Politik, Religion, Philosophie, Naturwissenschaft, Ökonomie, Medizin, Kunst usw.) an in diesen tätigen oder darin prominent hervortretenden jüdischen Personen das Exempel statuiert. Ihre Verhaltensweisen und Leistungen (ob bedeutend, mittelmäßig oder gering) werden als vom sie treibenden jüdischen Geist herrührend dorthin gestellt, wo man glaubt, anschuldigend von einer Verjudung des gesamtgesellschaftlichen deutschen, französischen, amerikanischen usw. Geistes sprechen zu können. Sollte diese Bezugnahme nicht ausreichen, scheint sie nicht eindringlich genug zu sein, wird kurzum „Geist" durch „Rasse" ersetzt und entsprechend dümmlich und gefährlich argumentiert.

Unterzieht man sich der Mühe, die Argumente aufzulisten, von denen Verjudungsanwürfe ausgehen, zeigen sich sehr bald zentrale, auf den jüdischen Geist bezogene Keimzellen, die stichwortartig lauten:

— Aufstieg aus der niedrigsten zur sichtbaren Machtposition;
— Überall-Sein und Nirgends-zu-Hause-Sein;
— Glauben an den gleichen Gott wie der Christ und religiöser Abgrund zwischen Judentum und Christentum;
— Zwiespalt zwischen Zweitrangigkeit und Auserwähltheit;
— Kampf gegen Widerstände der gesellschaftlichen Anerkennung durch die Nichtjuden und Beharren in selbstgewählter Abgeschlossenheit;
— Zweideutige politische Rollen durch Beteiligung an fortschrittlichen Bewegungen und Festhalten an überholten religiösen Tabus sowie Bewahrung merkwürdiger Sitten.
— Gottergebenes Suchen nach Frieden und Sicherheit und Zauberei, Magie, Dämonie, Antichristentum, Teufelei und Wucher.

Offensichtlich wird das Verjudungssyndrom nicht auf die Existenzgrundlage des uns interessierenden jüdischen Geistes zurückgeführt, sondern auf Geisteshaltungen, die das Negativbild von Zerrüttungen, Zerstörungen, Zersetzungen aufzeigen sollen. Die Haltlosigkeit solcher Ausgangspunkte erkennend, wurde ein Weg eingeschlagen, der den verjudenden jüdischen Geist auf soziale, ökonomische, kulturelle oder religiöse Umstände und Situationen zurückführt, um ihn dann ohne Bedenken als einen dem gesamten Kollektiv Juden gemeinsamen Geist kundzutun. So wird beispielsweise seit Jahrhunderten vorwurfsvoll vom jüdischen Geist als einem Geist der Händler, Schacherer und Wucherer gesprochen. Zwar wird zugegeben, daß er ihnen durch das christliche Zinsverbot, durch Ausschluß von den meisten Berufsgruppen, Verbot von Grundbesitz usw., also von außerhalb ihrer Kontrolle und ihres Willens liegenden Umständen oktroyiert worden sei, doch beherrsche er nunmehr alle Juden und verjude ihre Umwelt. Oder es wird in diesem Zusammenhang von einer Verjudung durch den jüdischen Geist als einem Geist des Kapitals und des Kapitalismus gesprochen, ein Vorwurf, bei dem man sich mit Vorliebe auf die Ausführungen des deutschen Volkswirtschaftlers *Werner Sombart* bezieht. Er wußte nämlich eine wesenhafte Beziehung zwischen dem jüdischen Geist und jener organisatorischen Struktur von Industrie, Handel und Gewerbe, genannt Kapitalismus, herzustellen, für die er — oft widerlegt — in seinem Werk „Der moderne Kapitalismus" die folgenden Argumente vorbrachte: 1. Im Alten Testament werden Reichtum und Wohlstand in 99 aus 100 Fällen nicht als gottlos und übel angesehen. 2. Judaismus hat nie ein Armutsideal vertreten. 3. Unterschiedliche Haltung der Juden im Umgang und Handel mit dem Fremden und den Glaubensgenossen. 4. Unterjochung des geschlechtlichen Triebes, um mehr Energie für die Beschäftigung mit Handel und Gewerbe aufbringen zu können. 5. Unterdrückung des künstlerischen Sinns. 6. Nichtvorhandensein kriegerischer Naturen unter den Juden, da das Schicksal sie über die letzten zweitausend Jahre von der Notwendigkeit, kriegerischen Aktivitäten nachzugehen, ausgeschlossen habe. Es gehört nicht zu unserem Thema, diese und ähnlich lautende Argumente — beispielsweise *Karl Marx'* Ausruf „Welches ist der weltliche Kultus der Juden? Der Schacher. Welches ist sein weltlicher Gott? Das Geld." (MEG, I, S. 372) — zu diskutieren oder richtigzustellen. Nur einige der von den Judengegnern als verjudet diffamierten Gebiete sollten angeführt werden, um anhand ihrer diesbezüglichen Aussagen zu erkennen, was sie als den *alle* Juden betreffenden jüdischen Geist sehen, den es zu bekämpfen, beziehungsweise zu vernichten gilt.

Dieser zur Vermeidung einer Verjudung der Gesellschaft zu bekämpfende Geist wird, wie aufgezeigt, stets anhand von Aktionsgebieten dargestellt, und zwar so, als ziele er darauf ab, diese zu beherrschen, zu zerrütten oder zu zerstören. Es werden ihm Motivationen zugesprochen, die dann als *Inhalte* des Geistes dargetan werden. Um die hierdurch entstandenen Ungereimtheiten zu umgehen, werden sowohl von wohlwollender als auch böswilliger Seite zwei Wege eingeschlagen. Zum einen wird der gesamte Komplex — gleich wie er sich manifestiere — in das Rassendenken eingebaut. Ausgehend von der These: „Die Rasse liegt im Blute und ist daher unveränderlich", werden grob-materialistisch alle geistigen Fähigkeiten auf das Blut als rassebildende Kraft zurückgeführt. Dieser bis zum Rassenwahn führende Umgehungsvorgang läßt dann solche in ihrer Absurdität undiskutablen Aussagen vernehmen, wie beispielsweise: Die Propheten sind eigentlich keine Juden im wahren Sinne des Wortes, sondern Abkömmlinge edlerer Rassen, die durch das Judentum nach und nach zersetzt und aufgesogen wurden. Weitaus subtiler, aber in seinen Folgen deshalb nicht weniger trostlos, präsentiert sich ein Umgehungsweg, der den Verjudung hervorrufenden Geist der Juden schlechthin mit dem *Lebewesen Jude* gleichsetzt, was mehrere Argumentationslinien eröffnet. Bei der einen wird der Jude als Mensch und Jude keineswegs mißbilligt, sondern nur als Träger der Verkörperung eines Geistes, der der Majorität widerwärtig ist. Es ist also am Juden an sich nichts falsch und negativ — man könnte ihn gar als Gleichstehenden willkommen heißen, wenn er seinem Geist abschwören würde, indem er seinen Glaubensgenossen entsagt, seine Kultur vernichtet und seinen Emotionen Gewalt antut. Während hier versucht wird, den Geist und nicht den Juden anzugehen, wird bei einem anderen Argument der umgekehrte Weg eingeschlagen. Jetzt ist es nicht der jüdische Geist, sondern sind es die persönlichen Charakteristika des Juden, die anstößig, unannehmbar und verhaßt sind: der Geist der Juden wird gerühmt, aber der Jude wird verurteilt. Werden nun beide Argumentationsgefälle miteinander verknüpft, dann ergibt sich folgerichtig jener Verjudungsvorwurf, der sowohl dem Juden als auch seinem Geist gilt.

Der Versuch, am Verjudungssyndrom lasse sich ein einheitlich das Kollektiv Juden durchziehender Geist festmachen, endet also in der Wirklichkeit stets bei der Erkenntnis sozio-kultureller Herleitungen. Zwar mögen sie bei der historischen Durchforschung evolutionärer Auswirkungen des jüdischen Geistes von Nutzen sein, aber dessen zentrales Moment zeigen sie nicht auf. Vielleicht kommen wir der realen Erkenntnis des jüdischen Geistes näher, wenn wir einem weiteren Element nachgehen, das den Judengegnern ebenfalls Grundlagen für Anklagen und Haß liefert — der Zusammenhalt der Juden.

Zusammenhalt

Seit Jahrhunderten kommen wir einer in seiner Prägnanz unerbittlichen Aussage entgegen, die lautet: „Die Juden halten zusammen wie Pech und Schwefel." Mit dieser hypothetischen Feststellung wird zum einen gesagt, die Juden, wo immer sie als größere oder kleinere Aggregate in der Welt ansässig sind, seien mitund untereinander in ein Gesamt eingespannt, und zum anderen, daß dieser Tatsache ein mysteriöser und furchtbarer Geist unterliege, der seit undenklichen Zeiten die Menschen bedrohe.

Die Anzeichen zur Erhärtung dieser beiden Bedeutungsinhalte werden einzeln oder sich überschneidend auf höchst unterschiedliche Ursächlichkeiten zurückgeführt. Mal bewegen sie sich auf mythologischer Ebene, indem die Figur des „Ewigen Juden" heraufbeschworen wird; mal wird auf die „Auserwähltheit" des Volkes Israel zurückgegriffen, indem sie als „Überlegenheit" auf allen Gebieten der menschlichen Aktivitäten interpretiert wird; mal wird samt und sonders auf die Welt des Talmuds, der Mystik, der jüdischen Religionsphilosophie, auf Messianismus, die zusammenschweißende Kraft von Verfolgungen und Diskriminierungen Bezug genommen; mal werden Ereignisse und Situationen in der Geschichte der Juden aufgegriffen, um den Zusammenhalt über den Weg vom Solidaritätsbewußtsein bis zur Zusammengehörigkeit auszudeuten. Letzteres wird gern am Leben der Juden aus den Zeiten exemplifiziert, als sie in übersehbaren mehr oder minder sozialen Einheiten, in Judenvierteln oder Gettos zusammengeschlossen waren. Dort, so wird berichtet, sei unter Berufung auf den Talmudsatz: „Sondere dich nicht von der Gemeinde ab", das Bewußtsein der Zusammengehörigkeit und Verantwortlichkeit füreinander so stark gewesen, daß die Absonderung eines Juden von der Gemeinschaft auf energischen Widerstand seiner Glaubensgenossen gestoßen sei. So bewundernswert human und einsichtig dies auch klingen mag, glauben wir doch sagen zu dürfen, daß dieses „Solidaritätsbewußtsein" in erster Linie umstandsbedingten Notwendigkeiten entsprang, wie sie heute in jüdischen Gemeinden kaum noch bestehen dürften. Im übrigen ist nicht anzunehmen, daß diese Lebensweisen vergangener Zeiten einer nichtjüdischen Welt bekannt sind, die in Zusammengehörigkeit und/ oder Zusammenhalt ein Real-Erfaßbares des jüdischen Geistes sieht und sich gegen ihn wendet.

Soweit die nichtjüdische Welt in Zusammenhalt und Solidarität der Juden unter- und miteinander das Auskommen und die Manifestation des jüdischen Geistes sieht und davon mit Bewunderung oder Mißbilligung spricht, werden einerseits Intelligenz, Fähigkeit, Fleiß und Ausdauer der Juden evoziert, andererseits Normen und diverse Aspekte der jüdischen Religion und selbstverständlich unerwiesene biologische Stetigkeiten. Doch blickt man hinter diese Vordergründigkeiten, sind weder alle Juden intelligent, fähig oder fleißig, noch hat Solidarität normativ-religiöse Festlegungen gefunden (vom Rassengerede ganz zu schweigen). Es verdichten sich dann Bewunderung oder Mißbilligung letztendlich in von Zusammenhalt herrührenden *Vorstellungen vom sozialen Erfolg* der Juden. Nicht etwa, daß soweit gegangen wird, zu sagen, die Juden triumphierten überall, weil sie die Besseren seien, wohl aber sei ihr sozialer Erfolg auf die staunenswerte Wirksamkeit des durch den jüdischen Geist bedingten *Zusammenhalts* hervorgerufen. Landläufig wird dies so ausgedrückt: „Sie unterstützen sich alle gegenseitig" oder: „Um im Theater, in der Medizin, im Journalismus, in der Wirtschaft usw. Erfolg zu haben, muß man Jude sein." Geht man diesen auf den zusammenhaltenden jüdischen Geist sich berufenden Vorstellungen vom sozialen Erfolg unter Berücksichtigung historischer, umstands- und situationsbedingter Fakten nach, dann treten Phänomene hervor, die die besagten Vorstellungen kennzeichnen.

Beginnen wir mit der *beruflichen Konzentration*. Während die Konzentration minoritärer Gruppen auf Randgebiete des Berufslebens keinerlei Feindseligkeiten hervorruft, führt sie zu tiefgreifendem Haß, wenn sich eine Minorität Gebieten zuwendet, zu denen Gruppen der Majorität in einem gewissen Abhängigkeitsverhältnis stehen. Diesbezüglich wird auf die Zeiten verwiesen, als die durch das kirchliche Zinsverbot entstandene berufliche Konzentration der Juden im Geldhandel zur Gleichstellung von „Jude" mit „Händler" und „Wucherer" führte. Statt diese Betätigung dem Druck der die Juden umgebenden Gesellschaft zuzuschreiben, entstand damals die bis heute erhaltene Vorstellung, der Erfolg in dieser Berufssparte sei dem Zusammenhalt als einem für den jüdischen Geist typischen Element zuzuschreiben. Kaum anders sah es bei Vorstellungen aus, die als das Auskommen einer den Juden ermöglichten *sozialen Mobilität* angesehen wurden. Während noch um 1800 ein großer Teil der Juden als Trödler tätig war, betätigten sie sich im Zuge der Aufhebung gesetzlicher Beschränkungen im Einzelhandel, dann im Großhandel, in den Finanzen, den freien Berufen und schließlich bemerkenswert erfolgreich in Bereichen von Kunst und Wissenschaft. Auch dieser durch soziale Mobilität gestalteten Erfolgsbewegung schreibt man ein dem jüdischen Geist eigenes Zusammenhaltsgeschehen zu. Jedoch wirklichkeitsnahe betrachtet, ist auf Prädispositionen zurückzukommen, deren Ursprung in erster Linie in der jahrhundertelangen Unterdrückung der jüdischen Minorität und ihrem damit verbundenen, betont minderwertigen Status inmitten der nichtjüdischen Gesellschaft zu suchen sind. Sie provozieren ein Bedürfnis, sich durch Reichtum oder Einfluß auszuzeichnen, und zum anderen die Notwendigkeit der Beschaffung und Hortung von Mitteln zur Verteidigung gegen zu erwartende Feindseligkeiten. Daß Vorgehen dieser Art Angriffe und Unbill hervorrufen, versteht sich von selbst, doch sie auf einen von Zusammenhalt getragenen Geist zurückzuführen, käme einer allzu vereinfachten Auslegung des Prinzips der Individualisation im Leben der Person und der Gesellschaft gleich.

Noch ein letztes Phänomen ist anzuführen, das sich als die *ideologische Konzentration* der Juden ansprechen läßt. Zusätzlich zu den Ursachen, die beruflicher Konzentration und sozialer Mobilität unterliegen, zeigt sich hier eine den Umständen entsprechend anerschaffene Eintracht mit politischen Konzepten, die für die Gleichheit der Rechte und die Emanzipation von Minoritäten eintritt. Die Folgen dieses Vorstellungsumrisses haben sich geradezu als paradox erwiesen: Der nichtjüdische Gegner der Ideologie setzt die Juden mit durch Zusammenhalt hervorgerufenen Kräften sozialer Zerstörung gleich, und der die gleiche Ideologie vertretende Nichtjude sieht im ihr zustimmenden Juden eine Verjudung.

Es steht außer Frage, daß die angeführten Vorstellungsbilder vom jüdischen (Zusammenhalts-)Geist auf falschen, der Wirklichkeit nicht entsprechenden Prämissen beruhen. Es steht aber auch außer Frage, daß sich tendenziell die Juden zu einem Großteil in beruflichen Gruppen zusammengefunden und um Ideologien geschart haben, die in gegebenen Zeiten weder von der eigenen ethnischen Minorität noch von der Majorität der Gesellschaft als „sicher" oder als zum „guten Ton" gehörend angesehen wurden und Konflikte hervorgerufen haben, die einem vermuteten einheitlichen spezifisch jüdischen Geist des Zusammenhalts entgegenstehen. Und da Juden, wie die Berufsschichtungen in westlichen Ländern aufzeigen, vielfach in neue oder

mit einem hohen Risiko belastete Berufszweige eingedrungen sind und auch im ideologischen Feld eine
Vorliebe für das Neue, das Veränderliche und das Op-
positionelle mit Bezug auf von der Majorität akzeptier-
ten Werten zeigen, deklariert sich der in diesem Zusammenhang angesprochene jüdische Geist angesichts
der übernommenen und befürworteten Werte eher als
ein solcher beständiger Irritation, denn als zusammen-
haltende Bindung.

Exkurs über den geistigen Prozeß und seine integristische Zielsetzung

Bei allem, was bisher vorgetragen wurde, traten offensichtlich einzelne Momente nach vorne, die dem jüdischen Geist zu Recht oder Unrecht (als Auswirkungen erfaßt) zugeschrieben werden. In der Tat sind es diese von außen, von der nichtjüdischen Welt erfolgenden *Zuschreibungen,* auf die sich im Endeffekt Judenfeinde wie Judenfreunde beziehen, wenn sie lobend oder tadelnd den jüdischen Geist zu erfassen suchen. Mehr noch: Selbst jüdische Gruppen halten sich an die von außen kommenden Zuschreibungen, fangen sie auf und bedienen sich ihrer zu unterschiedlichen Zwecken. Im Glauben, es handele sich dabei wirklich um den jüdischen Geist, nutzen sie sie entweder untereinander, indem sie sich ihrer bei innerjüdischen religiösen und sozialen Auseinandersetzungen bedienen, oder aber berufen sich unter Zurückweisung ungünstiger Zuschreibungen auf die nach ihrer Ansicht besseren. Ob Angriff, Verteidigung, Entschuldigung oder Rechtfertigung, alles dies geschieht sozusagen unter dem Schutzmantel eines jüdischen Geistes. Unter Huldigungen an diesen Geist in seiner Magnitüde verkündet der jüdische Familienvater mit Stolz die Erfolge seines Sohnes, und mit Bewunderung oder Neid blickt die nichtjüdische Welt auf den vorzüglichen jüdischen Interpreten der klassischen Musikliteratur. Während der angeblich den Erfolg bewegende Geist im Innerjüdischen *Chochma* (vulg. Chochme = Weisheit) umgesetzt oder damit gleichgesetzt wird, wird er im Außerjüdischen der besonderen Durchdringung spezieller Betätigungsfelder zugeschrieben, die diesem Geist entgegenzukommen scheinen. Errungenschaften wie die des Juden *Albert Einstein* werden dann als „jüdische

Physik", die eines *Paul Ehrlich* als „jüdische Serologie", die eines *Walter Rathenau* als „jüdische Wirtschaftskunde" angesprochen. Unwillentlich findet eine Verballhornung des eigentlichen Geistes statt, indem zum einen die Vielzahl derjenigen Juden wortlos übergangen wird, die trotz „Chochma" und ihrem Talent entsprechenden Betätigungsfeldern erfolglos geblieben sind, und zum anderen, daß eigentlich nicht der uns interessierende jüdische Geist ins Real-Erfaßbare umgesetzt und angesprochen wird, sondern nur gute oder schlechte Eigenschaften beziehungsweise Charakterzüge.

Hier könnte der Eindruck entstehen, wir drehten uns im Kreise und versuchten unsere Absicht zu umgehen, die Gesamtheit von Gemeinsamkeiten sowie den sozial bedingten Geist als sozialen Prozeß zu erkennen. Doch dem ist nicht so. Wir bemühen uns an dieser Stelle nur, Vorgänge zu verdeutlichen, denen mit Bezug auf den jüdischen Geist so manche Mißverständnisse und Fehlbeurteilungen zugrunde liegen, die seiner Erfassung unmittelbar im Wege stehen. Wird es doch immer wieder als Selbstverständlichkeit hingenommen oder um wohlfeiler Selbstgefälligkeit willen übergangen, daß der Geist der menschlichen Natürlichkeit ebenso wie diese selbst nur nach und nach entsteht: Weder Geist noch Natürlichkeit besitzt der Mensch durch Geburt — sie werden im Rahmen der Gesellschaft erworben. Daher die zu unterstreichende Aussage, daß Gesellschaft und Individuum keine voneinander trennbaren Zustände darstellen. Gewiß ist beim Menschen ein instinktmäßiges Selbstgefühl vorhanden, aber es wird erst zum Selbstbewußtsein, wenn es soziales Selbst wird, das heißt zu einem System von Vorstellungen, die dem Gemeinschaftsleben entlehnt sind und denen der Geist anhängt. Kurz gesagt, das

Selbstbewußtsein begreift soziales Leben und Beziehungen zu „bedeutsamen Anderen" mit ein.

Besonders deutlich zeigt sich dieser Verlauf, wenn von der Assoziation zwischen kleineren oder größeren Gruppen der Minderheit ausgegangen wird: Es verwirklicht sich eine gewisse Verschmelzung der Individualitäten in ein gemeinsames Ganzes in der Weise, daß sich das wahre Ich eines Individuums für viele Zwecke mit dem gemeinsamen Leben der Gruppe und deren gemeinsamen Zwecken identifiziert. Die für eine derartig zustandegekommene Gesamtheit gebräuchlichste Umschreibung findet sich im „Wir", im Sprechen von „Wir Juden", was in der Tat eine Art von Übereinstimmung im Geiste (oft auch „Seelenverwandtschaft" genannt) einschließt — ein Prozeß, der zumindest zur Grundlage für gemeinsame Ideale werden kann. Diese sich auf sozialpsychologische Erkenntnisse gründenden Gedankengänge machen es verständlich, daß es bei der Analyse eines Geistes als einem Ganzen nicht ausreicht, einzelne von außen auf Minoritäten oder Majoritäten projizierte und dem Verhalten und den Charakteristika der Minorität oder Majorität entnommene Elemente zusammenzustellen und zusammenzufügen. Zwar lassen sie mehr oder weniger vollständig das *äußere Imago* erkennen, so wie es der Gegebenheit (jüdischer, christlicher, französischer, britischer usw.) Geist zugesprochen wird, nicht aber das *innere Imago,* so wie es sich nach außen manifestiert, verbreitet und auf die Minorität oder Majorität projiziert wird. Dieses innere Imago, um dessen Erfassung es letztlich geht, verdankt sein Entstehen geistigen Vorgängen im Inneren der Judenheit, *geistigen Prozessen,* die darauf ausgerichtet sind, unterschiedliche und widerstreitende geistige Einheiten in Übereinstimmung zu bringen und zu vereinigen — gleich, ob sie ihren Ursprung bei Einzelwesen, bei Gruppen oder in größeren sozialen Anhäufungen gefunden haben. Der Prozeß, von dem hier die Rede ist, wird gemeinhin als *Integration* bezeichnet, wobei zu unterstreichen ist, daß wir hiermit nicht die Wiederherstellung, sondern die Herstellung eines Ganzen zu verstehen haben, das heißt, dem jüdischen Geist einen dynamischen Charakter zuweisen, dem integristische Funktionen eigen sind und an denen er sich in bezug auf Ursprung und Inhalt erkennen läßt. Wie die Geschichte gezeigt hat, benötigen insbesondere Minoritäten zur Erhaltung ihrer Existenz neben Werten und Normen vor allem *geistige Prozesse, an deren integristischen Zielsetzungen* sich ihre Mitglieder orientieren können.

Noch ein Wort ist zu sagen, bevor wir zur Analyse von aus dem Inneren der Judenheit zur Disposition stehenden geistigen Prozessen kommen. Da ihre Mannigfaltigkeit nach einem etappenweisen Vorgehen verlangt, kann dies nur chronologisch geschehen, wodurch gleichzeitig historische Entwicklungsphasen beachtet werden. Natürlich ist es im vorliegenden Rahmen nicht möglich, jede Epoche in der vieltausendjährigen Geschichte der Juden auf geistige Prozesse hin zu untersuchen, denen integristische Eigenschaften und Zielsetzungen eigen sind. Noch kann es sich darum handeln, Übergänge von Prozeß zu Prozeß beziehungsweise die Evolution derselben zu verfolgen. Es ist mit einem Blick auf die Vergangenheit eine Auswahl zu treffen, die in der Lage ist, zentrale Stützpunkte für das Heute aufzuzeigen. Denn obwohl wir wissen, daß die Gegenwart stets eine Vergangenheit und eine Zukunft in sich schließt, ist es unser Bemühen, die Realität des jüdischen Geistes als eine *Realität der Gegenwart* zu erfassen.

Bestimmungen des jüdischen Geistes aus der Sicht der jüdischen Welt

Sozio-religiöse Faktoren

Vorsorge um das religiöse Leben

Es heißt, daß die Religion — alle Einflüsse der Geschichte und des Milieus durchdringend und überwindend — den Geist der ihre Glaubensanschauungen Teilenden grundlegend bestimme, womit auf die maßgebliche reale Bedeutung der Religion für die Gesellschaft hingewiesen wird. In diesem Zusammenhang werden der Religion unterschiedliche Funktionen zugeschrieben, so zum Beispiel bei unlösbaren Problemen, die eine Gefahr für den Bestand der Gesellschaft bedeuten (Tod, Unglück usw.), um diese emotional erträglich zu gestalten, gesellschaftliche Herrschaftsverhältnisse aufrechtzuerhalten, zu verteidigen oder zu verschleiern, gesellschaftliche Ordnungsvorstellungen und -zustände hervorzurufen, gesellschaftliche Entwicklungszustände und Interessenlagen nachträglich zu rationalisieren und zu ideologisieren und vieles andere mehr. Werden von diesen oder anderen Erwägungen mit Bezug auf die reale Bedeutung der Religion Einblicke in ihr geistiges Objekt abgeleitet, dann reichen sie von philosophischen Auslegungen bis hin zu der Feststellung, daß bei Religionen, die an das Bestehen einer Göttlichkeit glauben, in der einen oder anderen Weise alles religiös sei, da es sich bei ihnen um einen Geist der Erörterung über Gott handele oder um Aktionen, bei denen Gott als die übergeordnete Instanz gelte. Bei einer Religion wie der jüdischen, die darauf gründet, daß der Mensch Kind und Diener Gottes ist und es sein Auftrag auf Erden ist, sich selbst zu erfüllen, indem er Gottes Wort erfüllt, dürfte dies ebenso zutreffen wie bei anderen, sich auf diese geistige Grundlage beziehenden Religionen. Es wird durch die Bindung an Gott eine religiöse Welt angezeigt, in deren Mitte das *Heilige* steht, um das sich ein Bereich gebildet hat, der durch seine eigenen Gesetze den Menschen einer positiven oder negativen Einstellung entgegenbringt. Allerdings gilt es zu erkennen, daß das in der Mitte der *religiösen Welt* stehende Heilige nicht mit dem in der Mitte der *realen Welt* stehenden Sozialen identisch ist, sondern eher von einer Wechselwirkung zwischen den beiden Welten zu sprechen ist.

Lesen wir unter den mannigfachen Auslegungen über Herkunft und Auswirkung des Bereichs und der Gesetze des Heiligen diejenige Sinndeutung, die sagt: Heilig sind Wesen, Handlungen, Sachen, Zustände, die über Übersinnlichkeit hinaus eine glaubwürdige Beziehung haben, die von einer Gemeinschaft angenommen und von ihren Vertretern gelehrt wird, dann veranschaulicht sich ein im Begriff des Heiligen gelegener Dualismus durch die Darbietung eines Mysteriums einerseits und der Realität einer Gemeinschaft andererseits. Diese nicht nur bei der jüdischen Religion erkennbare Ambivalenz zeigt sich an vielen Stellen der Heiligen Schriften der Israeliten, von denen hier nur einige wenige als beispielhaft angeführt werden. So finden wir die Furcht vor Gott eng mit der Gottesverehrung, dem Kultus verbunden, wenn es im 112. Psalm heißt: „Wohl dem, der den Herrn fürchtet, der große Lust hat zu seinen Geboten!", oder wenn bei dem Propheten Nahum im 1. Kapitel gleich zu Anfang steht: „Der Herr ist ein eifriger Gott und Rächer" und einige Absätze weiter: „Der Herr ist gütig und eine Feste zur Zeit der Not." Wiederholt läßt sich erkennen, daß Vertrauen und Hoffnung, die die Juden bei dem Gedanken an Gott erfüllen, die gegensätzlichen Empfindungen von Furcht und Unsicherheit nicht entkräften, wenn sie sich dem göttlichen Wesen durch Anruf seiner Heiligkeit zu nähern suchen. Wenn bis in unsere Tage in den täglichen Gebeten der Juden feierlich-gläubig der Satz ausgesprochen wird: „Du bist heilig, und Dein Name ist heilig, und Heilige preisen Dich jeden Tag", wird hierdurch nicht allein alles was Göttlich ist oder mit dem Göttlichen in Beziehung steht aufgewiesen, sondern überdies, daß die Fühlungnahme mit dem Göttlichen für den Sterblichen nicht ungefährlich ist und nach Behutsamkeit verlangt. Wurde doch Heiligkeit urtümlich als eine Art mysteriöses Fluidum angesehen, das sich im Falle eines unangebrachten Kontaktes mit irgendeinem profanen Wesen oder Objekt mit der blinden Heftigkeit eines Naturelements über alles auf seinem Weg ergießt; was übrigens die Unbändigkeit Gottes verstehen macht, von dem die Schriften sagen, daß er sie manches Mal bereue.

Die hier angedeutete Doppelwertigkeit des Heiligen, wie sie bis in populäre Glaubensvorstellungen und Überlieferungen hineinreicht, ist mit ihrer Bezugnahme auf die religiöse wie auf die soziale Welt zur gleichen Zeit eine Bezugnahme auf den Unterschied zwischen dem Heiligen und dem Profanen — einem Unterschied in der Wesensart, der anzusprechen ist, wenn über die reale Bedeutung der Religion als einem sich über den geistigen Prozeß bewegenden integristischen Faktor nachgedacht wird. Er erhellt die Tatsache, daß die Religion im wesentlichen eine soziale Angelegenheit ist, daß heilig diejenigen Denk- und Sachlagen sind, deren Vorstellungen die Gesellschaft selbst hergerichtet hat. Dementsprechend begreift sich der religiöse Mensch vor seinem Gott zugleich als Person und als Mitglied einer Gruppe. Ebenso wie andere Religionen ist also auch die jüdische individuell und kollektiv und konnte so zur Bildung einer religiösen Gemeinschaft führen; ohne diese wäre sie eine gescheiterte Religion. Es kann also davon ausgegangen werden, daß das Heilige in sich das Begriffliche einer (organisierten oder nichtorganisierten) Gemeinschaft trägt, die das Heilige gelten läßt und es als übersinnlich verehrt. Um diesen geistigen Prozeß aufrechtzuerhalten, d. h. sowohl um eine Absonderung der Religion vom Leben in der Gesellschaft zu verhüten als auch der geistig-prozessualen Gestaltung des Gemeinschaftlichen die notwendige unterstützende, verstärkende und erhaltende Kraft zu verleihen, mußte sie mit *Vorsorge* umgeben werden.

Talmud

Dieser Vorsorge — nenne man sie Erklärung, Erläuterung, Kommentar oder Auslegung — bedarf eine jede auf Gemeinschaftlichkeit ausgerichtete Lehre, wobei ihr Gedankengut so geordnet sein muß, daß es den gesamten Lebensablauf des Menschen zu erfassen in der Lage ist. Ohne hier auf Entstehungsgeschichte, philologische Exegesen, Widersprüchlichkeiten und Deutungen einzugehen, darf gesagt werden, daß es nach Thema, Inhalt und Aufbau dem *Talmud* zuzuschreiben ist, Ordnungen der jüdischen Lehre vorgelegt zu haben, und zwar behandelt der Talmud folgende Bereiche des Lebens:

1. Der Mensch auf seiner Erde;
2. der Mensch in der Zeit, also die Tage des Menschen;
3. der Mensch in der Familie;
4. der Mensch in der Gesellschaft;

5. der Mensch vor Gott;
6. der Mensch vor den Schranken des Diesseits und des Jenseits.

Innerhalb dieser Bereiche trifft der Talmud mit Äußerungen und Erläuterungen unterschiedlichen Charakters und ungleicher Bedeutung Vorsorge für die Auslegung der in der Bibel enthaltenen Gesetze sowie deren Anwendung im täglichen Leben der Menschen, die Jahrzehnte später auf Erden sein werden.

Der aus vielhundertjähriger mündlicher Überlieferung entstandene, um 500 nach unserer Zeitrechnung abgeschlossene Talmud gilt als grundlegendes Hauptwerk unter den vielen Schriften, die den Juden zur Verfügung stehen, um Verlauf und Praxis der Glaubenswirklichkeit von religiöser, kultureller, sozialer und nicht zuletzt auch moralischer Seite her zu erfassen. Von unseren Darlegungen über die Bildung einer religiösen Gemeinschaft ausgehend, beziehen wir uns auf den talmudischen Stoff, um des mit integristischer Zielsetzung bedachten Geistes willen, der aus ihm spricht. Dabei gilt jenem Teil des Talmuds unser vordringliches Interesse, der auf ein bestimmtes Tun oder Unterlassen ausgerichtet ist: die *Halacha* mit ihren Gesetzen und ihren Diskussionen über die Gesetze; nicht jedoch der andere Teil: die *Haggada*, in dem sich Belehrung, Weisheitssprüche, Legendäres, allegorische Erzählungen und Ethik miteinander verbinden und sich besonders in schwierigen Zeiten als Anreger des Gemüts, Aufrichter der Seele und Stärker der Hoffnung großer Beliebtheit erfreut haben. Die Halacha, von dem hebräischen Wort „halach", das heißt „gehen", abgeleitet, als „der Wandel", „der Weg" oder auch als „der rechte Weg" bezeichnet, enthält angesichts der Tatsache, daß das ganze Konzept jüdischer Moral auf einem dem Menschen von Gott gegebenen Gesetz der rechten Führung beruht, die notwendigen Richtlinien in bezug auf Glauben, Glaubensbekenntnis und die sich weit in das jüdische Leben erstreckende soziale, moralische und ethische Lehre. Der in der Halacha zum Ausdruck kommende geistige Prozeß beruht auf dem *Normativen* von Gesetzen, Verboten und Geboten als Minimumverpflichtung des rechtschaffenen Individuums, als ein Gesetz, das eine innere Einheit gewährleistet, die prozessual jene integristische Kraft besitzt, die dem jüdischen Geist zugesprochen wird.

Ohne Talmudist zu sein, läßt sich beobachten, daß die Halacha — angesehen als zentraler Inbegriff des jüdischen religiösen, nationalen, sozialen, intellektuellen und geistigen Lebens — durch wandelnde Umstände im Leben der Juden, vor allem durch neue soziale und kulturelle Bedingungen sowie neue geistige Tendenzen, in Auslegung und praktischer Anwendung fortschreitend gestaltet worden ist. So gilt sie vielen jüdischen Denkern nicht nur als die beste Verkörperung jüdischer Individualität, sondern mit Blick auf die ihr innewohnenden integristischen Zielsetzungen und Eigenschaften überdies auch als geistiger Schild gegenüber den zahllosen Attacken, denen die Juden über die Jahrhunderte ausgesetzt waren. Auch heute noch, nach Aberhunderten von Jahren, rufen Gebete, Predigten und fromme Traktate zur Befolgung ihrer Anweisungen auf, ja, gar manche jüdische Bekenner sind davon überzeugt, daß es die Nichtbefolgung der Lebensführung nach der Autorität und Vernunft der Halacha ist, die das so oft über jüdische Gemeinschaften gekommene Unglück hervorgerufen hat — Desintegrismus durch Abweisung eines integristischen geistigen Prozesses.

Wenn auch die Halacha nicht Religion im Sinne von gläubigem Verhalten des Einzelnen wie auch einer

Gruppe gegenüber einer überweltlichen und zugleich weltüberlegenen Macht ist, so ist sie doch ebenso wie andere heilige Schriften religiös bedingt: Sie ist Grundlage und Ergebnis der religiösen Praxis und hat sich in der Tat als solche über die Jahrhunderte sowohl als Element der Widerstandskraft gegenüber nichtjüdischen Umwelteinflüssen als auch als Element der sozialen Organisation jüdischer Aggregate gezeigt. Indes, hervorgerufen durch die Zerstreuung der Juden über die Welt, durch erzwungenes, notgedrungenes oder freiwilliges Assimilationsgeschehen, durch Mangel an Verbindungslinien zwischen Zentren jüdischer Gelehrsamkeit und dem oft nicht zur Kenntnis genommenen Fehlen eines geistlichen und geistigen Oberhauptes, durch Akkulturation und Enkulturation, hat sich der Einfluß des die Halacha und andere heilige Schriften durchziehenden geistigen Prozesses als einem unmittelbaren integristischen Faktor seit Beginn des vorigen Jahrhunderts stetig gemindert. Das Judentum als eine Einheit, die ohne ein durch eine religiöse Obrigkeit bestimmtes Dogma besteht, versucht beharrlich, an Grundlehren festzuhalten, von denen bald die eine, bald die andere hier oder dort stärker betont wird, um sich vom zeitgemäßen Denken aufeinanderfolgender historischer Epochen abzuheben. Umstands- und situationsbedingt geraten viele der sich in bestimmten Glaubens- und Verhaltensmustern verfestigten Lehren ins Wanken. Mit gebotener Vorsicht läßt sich sagen, daß sich eine Art von *Säkularisierung* vollzieht, indem beispielsweise die Erlösung als Hinleitung zum messianischen Reich zu einem sozialen Wert zu werden scheint und damit im Begriff ist, die Sphäre individueller und kollektiver Religiosität zu verlassen.

Der Vorgang der Minderung, Abschwächung oder Veränderung des ursprünglich durch religiöse und soziale Elemente hervorgerufenen, dem jüdischen Geist unterliegenden Prozesses mitsamt seiner integristischen Kraft zog sich über Jahrhunderte hin und dauert noch immer an: in einem Land schneller, in einem anderen langsamer, mal vollzieht er sich kontinuierlich, mal wird er zeitweilig unterbrochen. Stufenweise, vor allem durch eine sich enger gestaltende Berührung mit nichtjüdischen Kulturen und Lebensweisen, vollzog sich eine Entwicklung, durch die sich das Erleben der religiösen Faktoren des geistigen Prozesses, darunter Ehrfurcht vor den überlieferten Gesetzen, in seinem dynamischen Charakter reduzierte beziehungsweise veränderte. Durch die von der Gemeinschaft in- und außerhalb von Judenvierteln und Gettos bis hin zu lokal nicht länger zentrierten Klein- und Großgemeinden führende Entwicklung traten neben dem integristischen religiösen Faktor säkulare der Reglementierung und Verwaltung auf, die ein Zusammenwirken zur Bewältigung des religiösen, wirtschaftlichen, sozialen und kulturellen Lebens der Juden übernahmen. Was in der Geschichtsschreibung über die in der Welt verstreuten Juden erst als Siedlung oder Kolonie, dann als Judenviertel und Getto (ohne oder, wie das von Prag, mit autonomer Selbstverwaltung) angeführt wird, als Städtele in Polen und Rußland, als ländliche oder städtische Gemeinde, sind Bekundungen dieses Geschehens. Überdies darf in diesem Zusammenhang nicht übersehen werden, daß die Herkömmlichkeit des religiös bedingten geistigen Prozesses sich zu gegebener Zeit durch den Eintritt in die Geschichtsepoche der „Modernität" und den damit verbundenen Auftrieb des wissenschaftlichen Denkens grundlegend veränderte.

Der religiöse Blickwinkel, unter dem im vorhergehenden Kapitel die Suche nach dem Bestehen eines dem jüdischen Geist unterliegenden integristisch sich auswirkenden Prozesses vorgenommen wurde, konnte um der Systematisierung willen nicht anders als auf die Juden als Einheit angesetzt werden. Religiöse Schattierungen blieben unerwähnt. Durch die Bezugnahme auf die das gesamte legale System des Judentums erfassende Halacha wurde von einer Judenheit ausgegangen, die sich an das geschlossene Leben der Überlieferung hält — den gesetzestreuen Juden. Selbst bei einer Bezugnahme auf den erstmals in gedruckter Form 1564 in Venedig erschienenen *„Schulchan Aruch"* (= gedeckter Tisch) — ein Kompendium jüdischer Ritualgesetze und Rechte, welches das Sich-Einprägen der Lehren sowie schnelle Entscheidungen in allen Lebensfragen im Einklang mit jüdischem Gesetz und Brauch erleichtern sollte — hätte aus heutiger Sicht den uns interessierenden geistigen Prozeß in seinen Auswirkungen nur in die Präsenz jener an der religiösen Gesetzeswelt festhaltenden Gruppe von Juden gebracht, die gemeinhin als die „orthodoxen" Juden angesprochen werden. Sie stehen neben den „konservativen", den „religiös-liberalen" und den „reformierten" Juden und repräsentieren die Vertreter der traditionellsten der jüdischen religiösen Formen.

Hier ist weder der Platz noch der Ort, den unterschiedlichen Bräuchen, Verhaltensmodi und Erscheinungsformen der angeführten Richtungen nachzugehen noch die Auseinandersetzungen und Spannungen zu diskutieren, die sich zwischen diesen Gruppierungen abspielen. Anzuführen ist nur, daß die einen in der jüdischen Orthodoxie den Bewahrer der jüdischen

Lehre sehen, da sie die Juden zum Ursprung ihrer jüdischen Existenz zurückführen, während die anderen, indem sie im Erstarren statt Leben die Orthodoxie als Ausdruck einer dogmatisch-traditionsgebundenen Bewegung sieht, die im Widerspruch zu der die Mehrheit der Juden in der Welt bewegenden sozialen, kulturellen, politischen und religiösen Interessen steht. Während sich der geistige Prozeß der Orthodoxen auf die integristische Kraft der Torah als göttliche, in heiligen Schriften weitergereichte Offenbarung gründet, hält sich der geistliche Prozeß der Liberalen oder Reformierten an die geschichtliche Entwicklung: Freiheit *durch* Gesetz auf der einen Seite, Freiheit *vom* Gesetz auf der anderen. Fragt sich, ob angesichts dieser Divergenz noch von einer *Tradition* gesprochen werden kann, die religiös begründet, geradezu merkmalhaft dem jüdischen Geist eigen sein soll. Wird doch gerade dieser vom Ursprung her *religiösen Tradition* ein gemeinschaftsbildender geistiger Prozeß zugesprochen, der sich bei den Juden bis in alle Aspekte ihres Tuns in der Form real erfaßbarer Beharrlichkeit manifestiere, wozu auch die Praktizierung der Religion gehöre. Gegenwartsbezogen betrachtet, bleibt die Tatsache unübersehbar, daß ein Großteil der Juden, ob in Amerika, Frankreich, England oder Israel, schon längst nicht mehr absolut gesetzestreu und noch weniger regelmäßig ihre Religion praktiziert. Nur einige wenige jener überlieferten religiösen Praktiken werden vollzogen, die gewissermaßen Einschnitte im Leben eines Juden bedeuten: die Beschneidung des jüdischen Knaben; seine Bar Mizwa im 13. Lebensjahr; Eheschließung und Begräbnis; und an den beiden höchsten Feiertagen des jüdischen Jahres (Rosch haSchana, das Neujahrsfest, und Jom Kippur, der Versöhnungstag) der Besuch des Gottesdienstes. Ansonsten bewegt sich die Mehrzahl der Juden — oft beklagt und angeklagt — außerhalb ihrer religiösen Tradition. Wird dennoch das Bestehen einer spezifisch jüdischen Tradition im Sinne eines sich auf der Religion gründenden real erfaßbaren geistigen Prozesses angesprochen, dann wird zum einen winkelzügig dargetan, sie zeige ihren speziellen Charakter dadurch, daß sie nicht christlich sei. Zum anderen und mehr überzeugend wird die Absetzung von der Tradition mit ihrer Strenge begründet. Man hält ihr einen umstandsbedingten Drang nach Freiheit entgegen, zurückführbar auf den bei den Juden vorherrschenden, sich gegenseitig verursachenden, jedoch nicht widersprechenden Universalismus und Partikularismus. Dieses Paradox bringt mit Bezug auf religiöse Tradition derzeit höchstfalls noch die Vision eines integristischen Elements des jüdischen Geistes hervor, auf die sich als geistiger Prozeß zu berufen nur rechtfertigen ließe, falls sie die gesamte Judenheit durchziehen würde.

Mystizismus

Bei der Bezugnahme auf religiöse Tradition als einem sich integristisch auswirkenden geistigen Prozeß liegt der Rückgriff auf die Vielfalt der die heiligen, beziehungsweise religiösen Schriften durchziehenden Tendenzen in ihrem historischen Entstehungs-, Entgegennahme- und Erhaltsrahmen auf der Hand. Doch können wir hier nicht die Geschichte der jüdischen Religion durchlaufen, um da oder dort ein geistiges Moment herauszukristallisieren, das sich zusammen mit anderen dem religiösen Gedankengut zugehörenden so präsentiert, daß es — als Tradition angesprochen — derzeit als ein Gesamt den Geist des Kollektivs repräsentiert. Nur noch einem herausragenden jüdischen Gedankenzug ist Aufmerksamkeit zu widmen, nämlich dem *jüdischen Mystizismus,* der am deutlichsten aus den Büchern der *Kabbala* (hebräisch für Überlieferung) spricht. Vom jüdischen Mystizismus läßt sich nach maßgebenden Aussagen von Kennern sagen, daß er die Gesamtsumme aller religiösen Tendenzen im Judaismus darstellt, die auf dem Wege über schauende Versunkenheit in Gott und Erleuchtung religiöses Wissen außerhalb der Reichweite der Vernunft zu erlangen suchen.

Als geistige Bewegung im 13. Jahrhundert von Spanien und Südfrankreich aus verbreitet — über das Hauptwerk der Kabbala, genannt Sohar (Leuchte, Glanz), bis zu dem von dem 1217 verstorbenen Leiter der Talmud-Hochschule in Regensburg verfaßten „Buch der Frommen" (Sefer Chassidim) hinführend —, stand das religiöse Leben der Juden Deutschlands bis ins 16. Jahrhundert unter der Einwirkung eines, wie es heißt, „deutschen Chassidismus", der sich die geistige Erkenntnis der letzten Verborgenheiten zum Ziel gesetzt hat. Der *Chassidismus* entstand im klassischen Alter der Kabbala, als im 16. und 17. Jahrhundert mystische Strömungen im Umlauf waren und im östlichen Europa sich Abertausende von Juden im Streit zwischen Glauben und Verstand, zwischen Emotion und Intellekt nach einem einfachen, anregenden und tröstlichen Glauben sehnten, den sie ohne philosophische Geistigkeit verstehen konnten. Noch heute verfügt der mit Mystik ausgestattete Chassidismus in vielen Ländern über relativ kleine Gruppen von Anhängern. Doch ebensowenig wie der Orthodoxie ist es dem jüdischen Mystizismus gelungen, seinen geistigen Gehalt zu einer mit integristischer Kraft ausgestatteten Tradition zu machen. Selbst wer wie gewisse Psychoanalytiker soweit geht, in der Kabbala oder dem Talmud Momente der Interpretation von Träumen, der freien Assoziation von Ideen oder ödipaler Situationen zu entdecken (z. B. Sigmund Freud), verliert sich in einem Traditionskonstrukt, dem eher Verzettelung als Kohärenz des Geistes zugrunde liegt. Um diese aber geht es.

Sozio-kulturelle Faktoren

Studium

Zu den geistigen Prozessen, die als Grundlage für das Gesamt der Ausstrahlung des jüdischen Geistes als einem erkenn- und vermittelbaren integristischen Potential angeführt werden, wird neben oder in Verbindung mit religiösen Elementen auf die *jüdische Kultur* verwiesen. Dabei wird in unpräziser Weise unter dem Begriff „Kultur" entweder alles eingeordnet, was der Mensch in seinen höchsten Geistesregungen schafft oder was der Mensch tut und wie er es tut. Die verführerische Gegensätzlichkeit dieser Auffassungen hat zu einem ausgiebigen wissenschaftlichen Streit geführt, den zu diskutieren nicht unsere Sache ist. Indem wir an der von Anfang an bestimmten Betrachtungsweise festhalten, gehen wir ebenso wie die religiösen auch die kulturellen Gegebenheiten als Bildungen an, die *sozial erworben und übermittelt worden sind*. Den Blick stets auf einen jüdischen Geist gerichtet, der als integristische Kraft real erkennbar dem Gesamt der Juden eigen ist, sind im folgenden einige der am häufigsten in den Vordergrund gerückten Komplexe jüdischer Kultur zu betrachten, die bei dem zur Verfügung stehenden Raum nur andeutungsweise abgehandelt werden können.

Der in mannigfaltigen Zusammenhängen oft vorgelegte Hinweis auf die Juden als „Volk des Buches" bezeichnet nicht nur ihre Anhänglichkeit an die Bibel, an das „Buch der Bücher", sondern überdies ein *Volk des Studiums*. Bliebe doch die Bibel toter Buchstabe, wenn nicht jede Generation ihre Bedeutung und Tragweite untersuchen würde, wenn weise Männer sie nicht im Lichte der Aktualität des Alltags auslegten und kommentierten. Die beflissene Zusammenführung von Erforschung und Deutung der in der Bibel enthaltenen Gesetzgebung sowie die geistige Durchdringung ihrer Aktualität verlieh bei den Juden dem Studium einen Wert der Purifikation, der Heiligung, und einen moralischen Wert. Stets wurden den sich dem Studium der heiligen Schriften widmenden Gelehrten besondere Hochachtung und Ehren zuteil. Von Jahrhundert zu Jahrhundert vertieften sich jüdische Gelehrte in die heiligen Schriften, und indem sie ihre Erkundungen lehrend oder das kulturelle und soziale Leben regelnd weitergaben, galt ihr Studium nicht individuellem Eigennutz, sondern dem Nutzen aller Juden, auf daß sie den wahren Sinn ihres Schicksals begreifen und es mit beherzter Verstandesschärfe ertragen: Ein Leben in Erniedrigung und Verfolgung verlieh dem moralischen Wert des Studiums seine besondere Note.

Die Aneignung und Verbreitung des Studiums und der daraus hervorgehenden Auswirkungen auf die Formierung eines mit integristischem Potential ausgestatteten jüdischen Geistes läßt sich vor allem anderen dort wahrnehmen, wo auf die religiöse Erziehung jüdischer Kinder Wert gelegt wird, ein Vorgang, der im allgemeinen mit dem Erlernen der hebräischen Sprache als einem kulturellen Element beginnt. Die vollkommene oder selbst ausreichende Beherrschung der Sprache der

Torah ist wahrlich keine einfache Sache und verlangt nach einem durchdringenden, den Geist prägenden Studium: nach Verständnis für eine von den indoeuropäischen Idiomen grundlegend verschiedene linguistische Struktur, nach Beachtung minimer Einzelheiten, nach Vertiefung in (unauffällige) Schattierungen der Sinngebung, nach Beharrlichkeit bei der Entzifferung — kurzum, nach einer das Studium begleitenden *intellektuellen Disziplin*. Aus dieser Perspektive wird Studium zu einer Aktionsmethode, will sagen, soweit es sich als geistiger Prozeß intensiv auf seine weit in der Vergangenheit liegenden Zwecke ausrichtet, zu einem praktischen Mittel, um diszipliniert auf dem Weg der Gesetzeswahrheit zu einer Wissenschaft des Lebens voranzuschreiten, die in ihren Auswirkungen in zwei Richtungen verläuft. Zum einen auf die Annäherung an das Mysterium der göttlichen Weisheit und Vorsehung und zum anderen auf Handreichungen für ein besseres Leben.

Gehen wir einmal von der weit verbreiteten Ansicht aus, daß die durch das intensive Studium der heiligen Schriften sozial erworbene und vermittelte intellektuelle Disziplin die Juden mit einem hohen Grad an Intelligenz und Scharfsinn ausgestattet hat, bleibt dennoch zu überlegen, ob es sich — seinem unbeirrbaren Ziel entsprechend, nämlich der Bestätigung einer allumfassenden Unterwerfung unter das Göttliche — als integristisch erweist. Bedenkt man, daß im Angesicht Gottes für die einen Studium mitsamt seinen Folgen wie Wissen, Erkenntnis oder Intelligenz zu den hervorstechenden kulturellen Gütern gehört, während es beispielsweise bei den chassidischen Juden Schlichtheit des Herzens und inbrünstiges Gebet sind, dann sehen wir das integristische Element des als Studium angesprochenen geistigen Prozesses bereits durchbrochen.

Aber mehr noch: Durch die Darstellung des frommen Juden als einem völlig dem Studium ergebenen Juden wird (von dem dadurch erzielten speziellen Intelligenzgrad gar nicht zu sprechen) die vereinigende Überzeugung von der Gleichheit der Menschen vor Gott angegangen. Es wird die integristische Kraft des sich als Kulturelement zeigenden „Studium" durch ein *Superioritätsgefälle* abgebaut, indem sich der Besitzer der Gelehrsamkeit ohne Folgen für das Gesamt des Kollektivs zum geistigen Beherrscher seiner Glaubensgenossen aufspielt.

Gegen diese „Exklusivität" haben sich Juden — überzeugt von der Gleichheit vor Gott im religiösen und säkularen Bereich — stets verwehrt. Ansonsten gelte nicht von alters her der Grundsatz, daß jeder erwachsene jüdische Mann das Amt eines „Rabbiners" übernehmen kann. Und da es dem Geist des Judaismus grundlegend widerspricht, den „Dienern des Herrn" eine wie immer geartete Alleinherrschaft zuzugestehen oder ein „Pfaffenregiment" zu errichten, wurde Rabbiner (vom hebräischen Rabbi, das heißt: mein Lehrer) zunächst die Bezeichnung eines Gelehrten und später Titel und Anrede des spirituellen und geistlichen Leiters einer jüdischen Gemeinde. Da den Rabbinern (außer im Staat Israel) keinerlei weltliche Jurisdiktion zusteht, liegt der Schwerpunkt ihrer Tätigkeit überwiegend bei der gewissenhaften Durchführung religiöser Gesetze und Bräuche: Vornahme von Trauungen, Beerdigungen und Scheidungen, Erteilung und Überwachung des Religionsunterrichts, Begutachtung religiöser gesetzlicher Fragen, Seelsorge, Leitung des Gottesdienstes, Predigten u. ä. m. Sie sind eher Überwacher und Aufrechterhalter von religiösen Gesetzen, Riten und Zeremonien, denn ein wirksamer Faktor bei der Gestaltung geistiger Prozesse. Die Exklusivität ihrer Position inmitten jüdischer Gemeinden, die sie in westlichen Ländern unter anderem durch Titel wie Landes- oder Oberrabbiner unterstreichen, zwingt sie geradezu, sich an Traditionen anzubinden, von wo es bis zur Intoleranz nur noch ein kleiner Schritt ist. Unumgänglich reduzieren sie geistige Prozesse religiöser, kultureller und sozialer Art auf innergläubige oder innerseelische Vorgänge, die sich bar jedweder integristischen Stärke erweisen. Mit diesen Hinweisen wird nicht etwa eine Anklage gegen die Rabbinerschaft erhoben. Sie dienen nur dazu aufzuzeigen, daß kulturelle geistige Prozesse wie „Studium" verkümmern, wenn sie sich ins Kultische verlieren, wenn der Geist des jüdischen Diesseitsglaubens im Beten, Weinen und Lesen erstickt. Integrismus durch geistige Prozesse meint auch Aufrichtung, Festigung, Rationalisierung und nicht zuletzt Selbsterkenntnis, wie sie den realen Zwecken der Lebensführung dienen.

Die geistige Exklusivität, von der hier im Zusammenhang mit Toleranz und Intoleranz die Rede ist, wird prozessual oft genug auf einen Pharisäismus zurückgeführt oder unter dem Einfluß der jüdischen Religion auf einen Puritanismus, mit dem das Bild des frommen und patriarchalischen Juden umgeben wird. Dies scheint uns jedoch eine Klischeevorstellung zu sein, die sich an den uralten Satz hält: „Schriftgelehrte und Pharisäer gleich Heuchler." Eine tiefergehende Analyse läßt erkennen, daß bei einer wohlverstandenen, sorgfältigen Bewahrung der Gesetze und Lehren das Prinzip eines freien, logischen Denkens an die Stelle der Tradition tritt. Die Befruchtung des jüdischen Geistes durch integristisch wirkendes „freies, logisches Denken" hat zweifellos diesem Geist sowie den ihn für sich in Anspruch Nehmenden eine besondere Würde verliehen und von der Sache her zur Ergänzung des lebendigen Glaubens durch das Wissen geführt, wovor sich die Judenheit im Grunde genommen nie gefürchtet hat. Indes, in historischen Perioden denkend, ist nicht zu übersehen, daß sich dieses geistig Wesentliche bzw. geistig Eigene in der Beziehung zu Alltagsleben und Lebensweisen durch eine Teilnahmslosigkeit gegenüber den Konditionen und Ereignissen in der Umwelt zeigte. Sozialpsychologisch gesehen manifestiert sich dieser geistige Prozeß so stark introvertiert, daß er integristischen Möglichkeiten — ob nach innen auf die jüdische oder nach außen auf die nichtjüdische Welt gerichtet — im Wege steht. Zwar wirkt er nicht betont desintegristisch, wohl aber hat dieser Vorgang einer *sozialen Introversion* im Zuge von Zurückweisungen und/oder Zurücksetzungen gewisse psychische Vorgänge hervorgerufen, die gerne herausgestellt werden: zum Beispiel Ablenkung und Abreagieren von Unlust und ihren Ursachen; vernunftgemäße Begründung von Gefühlen, deren man sich schämt oder die man nicht einzugestehen wagt; Projektion eigener Eigenschaften auf andere Menschen, deren man sich nur dumpf bewußt ist, aber dennoch mißbilligt, und andere von der Psychologie erkannte Mechanismen. Sie verlangen zur Festigung des existentiellen Gleichgewichts nach einem Ausgleich, der sowohl psychologischer als auch sozio-kultureller Art sein kann. Und da wir von Beginn unserer Analyse an bemüht sind, im Bezugrahmen des Real-Erfaßbaren zu bleiben, ist auch in dieser Hinsicht von Prozessen zu sprechen, die — der gesamtgesellschaftlichen Kultur angehörend — als *Phänomene der Kompensation* für Zurückweisungen, Abweisungen, Zurücksetzungen und Niederlagen dem jüdischen Geist zugesprochen werden beziehungsweise ihm immanent sein sollen.

Humor

Zuerst ist hier von demjenigen Kulturelement zu sprechen, das schlechthin als *jüdischer Humor* bezeichnet
wird. Er wird als besonders „reich an Geist" angesehen
und ist als jüdischer Witz populär. Ohne darauf einzugehen, ob Humor als Heiterkeit, Grundgestimmtheit,
inneres Lächeln, Überlegenheit usw. zu definieren
wäre, lassen sich in bezug auf das Prozessuale des jüdischen Humors einige Punkte festhalten, die mit integristischen Momenten in Beziehung stehen. Ob diese jedoch genügend dynamische Kraft besitzen, um sich für
das Gesamt der Juden als integristisch zu erweisen,
wird zu ermitteln sein. Sicherlich läßt sich vom jüdischen Humor — angesehen als geistiger Prozeß — sagen, daß er eine Fähigkeit ist, ohne zugleich autonomer
Geistigkeit zu entsprechen. Ist er doch meistens an Ab-
sichten gebunden, die darauf zielen, Menschenkenntnis
zu begründen und Amüsement zu verbreiten, um sich
mit niemandem zu verfeinden, um zu gefallen und um
die Möglichkeit unerwünschter Reaktionen durch Lachen zu beschwichtigen. Es läßt sich aber auch sagen,
daß jüdischer Humor der Manifestation eines mentalen
Infantilismus gleichkommt, wenn er als Flucht vor den
Determinismen des Lebens, als Ablehnung des Schicksals, dem man scheinbar ohnmächtig ausgesetzt ist, eingesetzt wird. Es zeigt sich dann jener Humor, wie er als
„jüdisch" in populären Literaturgenres vorgelegt wird,
in Wirklichkeit aber nur eine Form von Prahlerei ist.
Er verlegt sich auf Paradoxe, Wunderlichkeiten, Listen,
Finten, daß sich am Ende ein zugleich draufgängeri-
scher wie furchterregender, fast möchte ich sagen, my-
stischer Geist präsentiert, der zwar lachen macht, aber
gerade darum die Juden mitsamt ihrem „geistreichen"
Humor als fremd und verachtenswert hinstellt.

Ein anderer Aspekt des jüdischen Humors entspringt einer geistigen Haltung, mit der sich der Jude über sich selbst lustig macht: eine Art von *Selbstironie,* die im Rahmen kompensatorischer Phänomene quasi einer moralischen Hygiene gleichkommt. In der Tat kennen wir zahllose jüdische von Humor getragene Geschichten und Äußerungen, die mit solch schneidender Ironie Existenz und Geist der Juden brandmarken, daß man versucht ist anzunehmen, sie stammten aus antisemitischer Feder. Aus dieser Selbstironie spricht in den meisten Fällen eine defensive Unentbehrlichkeit: Gelacht wird über dasjenige, mit dem man assoziiert wird, zu dem man gehört und das man am meisten liebt. Die Dienlichkeit dieses Aspekts des jüdischen Humors erschöpft sich sowohl in einer Form der Zurückhaltung von Gefühlen als auch in einem Ausdruck der Zuneigung zu einer bejammernswerten Gemeinschaft.

Skepsis

Noch weitaus stärker verdeutlicht sich das dem jüdischen Humor unterliegende kompensatorische Moment eines Mißtrauens gegen das eigene geistige Ich in jenem „skeptisch streifenden Blick über die Welt und ihre sogenannten Realitäten", von dem *Alfred Döblin* in seiner Streitschrift „Jüdische Erneuerung" spricht. *Skepsis*, von der hier die Rede ist, beherrscht nicht nur das Denken, Fühlen und Handeln der Juden, sondern auch ihre Geschichte. Wohlgemerkt: Nicht von Skeptizismus als philosophisch definierter Erkenntnismöglichkeit wird hier gesprochen, sondern von einer sich als Ängstlichkeit, Abhängigkeit, Zweifel, Mißtrauen, Argwohn und Verdächtigung zeigenden geistigen Haltung — gegenüber sich selbst, gegenüber der Umwelt und den Realitäten. In ihrer Folge sowie angesichts der auferzwungenen Position einer am Rande der Gesellschaft lebenden ethnischen Minorität hat sich dieser kompensatorische Abwehrmechanismus entwickelt. Er hat um der Selbsterhaltung willen gegenüber den soeben angeführten Subjekt- und Objektgruppen die geistige Haltung von Ungläubigkeit so stark potentialisiert, daß sich von ihr als von einem in der Nähe eines integristischen Elements gelegenen Faktor sprechen läßt. Allerdings, so meinen wir, nur in der Nähe; denn bei diesem geistigen Prozeß wacht im Hintergrund ein kritisches, besser gesagt, mißbilligendes Auge, das sich sowohl nach innen auf den Juden und das Judentum richtet wie nach außen auf Umwelt und Realitäten.

Die zur Kompensation für Mißtrauen gegen das eigene Ich dienende skeptische Haltung wird vielfach auch dem Prozeß des *jüdischen Selbsthasses* oder wenigstens dessen Ursachen zugeschrieben. Er wird im allgemeinen am Verhalten zwiespältiger Persönlichkeiten wie beispielsweise Otto Weininger demonstriert oder an anderen, die aufgrund persönlicher Veranlagung durch Übertritt zum Christentum sich aus der jüdischen Gemeinschaft ausgesondert haben. Sie mit der Determination eines das Kollektiv durchziehenden jüdischen Geistes in Verbindung zu bringen, und sei er nur Mittel der Kompensation, erscheint uns fehlerhaft. Nicht anders ist es um Ausführungen bestellt, die z. B. in Leseeifer oder Bildungstrieb des einzelnen Juden einen kompensatorischen Vorgang für die verdrießliche Notwendigkeit sehen wollen, den Unvollkommenheiten der Gruppe, zu der sie gehören, zu entgehen.

Sozio-politische Faktoren

Emanzipation und Assimilation

Bei unserer Erörterung der dem Kollektiv Juden zugesprochenen oder es durchziehenden, im Real-Erfaßbaren sich zeigenden geistigen Prozesse sind wir schon mehreren die Prozesse bewegenden Elementen entgegengekommen. Wie immer die Prozesse selbst als auch ihre Auswirkungen sich als Elemente des jüdischen Geistes gestalteten oder auch nicht, stets spielten sie sich auf dem Hintergrund einer bewußten, alles durchdringenden Minoritätensituation ab. Die hierdurch gegebenen Folgen und Konflikte suchen nach einem Ausgleich, nach einer Bewältigung, die wie ein konstanter Druck dem Inneren der Minoritätengruppe, ihrer existentiellen Situation, ihrem Status und ihrem Prestige entspringt. Die Bewältigung kann aber auch von außen, von der Majorität durch angebotene oder erzwungene Arten von Handreichungen unterstützt werden, denen wir in Begriffen wie Akkulturation, Enkulturation, Auswanderung, Emanzipation und Assimilation entgegenkommen. So zeigte sich beispielsweise mit Bezug auf die Verlagerung jüdischer Aggregate in ein fremdes Land, sagen wir von Polen in die Vereinigten Staaten von Amerika, daß während sich dort eine erste Generation von jüdischen Auswanderern um Existenz und Konfliktbewältigung mühte, sie mit ritueller Gesetzestreue ein sozial abgesondertes Leben in den Begrenzungen eines Judenviertels führte. Die zweite Generation dieser Auswanderer rebellierte gegen die Zwänge der aus der Alten Welt kommenden Traditionen und den sie tragenden Geist und strebte nach materiellen Erfolgen, die ihnen soziale Anerkennung durch die amerikanische Gesellschaft verleihen würden. Die dritte Generation verwarf völlig die sich auf ethnischen Minoritätenstatus gründende Lebensweise und suchte nach vollständigem Einbezug und Aufgehen in die Gesamtgesellschaft. Diese Skizze von über Generationen sich hinziehenden Bewältigungsmodi von Minderheitensituationen läßt eine Vielzahl von geistigen Prozessen erkennen, die, sozial begründet, sich auf die Alternanz von Werten und Verpflichtungen, auf den Widerstreit von Gruppenloyalitäten, auf die Verteilung von Existenzmöglichkeiten und nicht zuletzt auf Verschiebungen und Verlagerungen in der sozio-kulturellen Identität beziehen.

Was am Beispiel der Auswanderung von Juden aus Polen nach Amerika aufgezeigt wurde, erhellt sich auch dort, wo Juden bodenständig blieben, d. h. bei Vorgängen, die unter den Begriff *Emanzipation der Juden* fallen, sowie auf die mit ihnen in Verbindung stehenden Abläufe der *Assimilation*. Zahlreiche Studien, die entweder ganz allgemein von der Emanzipation der Juden in diesen oder jenen Ländern handeln oder sich der Emanzipation bestimmter jüdischer Bevölkerungs- und Berufsschichten innerhalb bestimmter Zeitabschnitte widmen, umfassen eine Periode, von der sich grosso modo sagen läßt, daß sie vom Zeitalter der Aufklärung bis zum ersten Weltkrieg dauerte. (Manche Studien führen die Geschichte der Emanzipation der Juden bis zur grausamen Unterbrechung durch das nationalsozialistische Regime und den Holocaust.) Und was die mit der sogenannten Emanzipation verbundene Assimilation betrifft, erkennen die Autoren bei diesem Prozeß der Angleichung, bei der Übernahme sozialer Wertstandards, Orientierungs- und Verhaltensmuster auch eine Umformung von Lebensinteressen sowie einen bewußten Wandel in der Gruppenzugehörigkeit. Mit anderen Worten: geistige und materielle Assimilationsstufen, die sich einzeln oder zusammen, aber sich stets gegenseitig beeinflussend, im Rahmen der angeführten Periode aufzeigen lassen.

Was nun unsere auf das Real-Erfaßbare ausgerichtete Analyse betrifft, nehmen wir die hier angesprochenen Vorgänge unversetzt zur Kenntnis. Wir vertiefen uns weder in ihre historische Einordnung noch in ihre allmähliche Evolution, noch in ihre rechtliche Grundlage, noch in die Frage, inwieweit eine völlige Emanzipation nach Assimilation verlangt, ob und wie sie hier oder dort, in Frankreich, Rußland, Deutschland, Tunesien, Spanien, Südamerika oder der Schweiz erreicht wurde. Auch wäre es unseren Zwecken in keiner Weise dienlich, wollten wir diesen in der nahen Vergangenheit liegenden Abschnitt der Geschichte der Juden dazu nutzen, die Positionen der bereits angeführten, sich als integristisch oder desintegristisch erwiesenen Elemente geistiger Prozesse zu graduieren und zu einer höheren, sprich totalen Einheit zusammenzuführen. Schließlich behandeln wir nicht, was landläufig als „die Judenfrage" angesprochen wird, sondern konzentrieren uns auf den jüdischen Geist in seiner prozessualen Dynamik als integristisches Moment, nicht auf seine Profanierung.

Zwang

Durchblättert man daraufhin die Geschichte der Juden mit einem Blick auf die Orte, Länder und Kontinente, in denen sie zeitweilig oder dauernd ansässig waren oder noch sind, dann steht man vor einem Bild von *Wanderungen*, das seinesgleichen nicht kennt. Ob hervorgerufen durch Kriege, Verfolgungen, Austreibungen, Flucht vor Gewalttaten oder anderem von außen kommenden Druck, jedesmal zeitigten die Ortsverschiebungen einen Anpassungsvorgang, der den Juden als einer ethnischen, politischen, sozialen und kulturellen Minderheit auferlegt wurde. Damit sprechen wir einen Zustand an, aus dem sich der kompromißlose Begriff des *Zwanges* ergibt. Das heißt, wo immer sich die Minorität auch hinwandte, stand sie einer beherrschenden und treibenden Kraft gegenüber, vor der sie sich zu beugen hatte. Die Unterordnung unter diese Potenz geschah insoweit freiwillig, als sie der Not gehorchte. Es mußte sich die jeden Menschen von Natur aus gegebene Gutgesinntheit und Friedfertigkeit im Geiste des „wandernden Juden" einem Zwang unterwerfen, für dessen Annahme und den damit verbundenen Folgen es genügte, ihm (wie Emile Durkheim sagte) „den Zustand seiner Abhängigkeit und natürlichen Inferiorität zum Bewußtsein zu bringen". Die hierzu eingesetzten Mittel reichten von der Sklaverei im Lande Ägyptens bis zum gelben Ring und Fleck, der Gettoisierung, den Judengesetzen von Kirche und Staat und dem immer wieder unternommenen Versuch, die Moralbegriffe der Juden zu zersetzen.

Abgesehen von einigen wenigen Perioden, in denen die Juden diesem Zwang nicht ausgesetzt waren, versuchten sie, die ihnen durch die nichtjüdische Umwelt zum Bewußtsein gebrachte Abhängigkeit und Inferiorität durch Rückzug auf ein geistig-religiöses Leben auszugleichen, indem sie ihre unterlegene Stellung sowie deren Bewußtmachung als eine Abhängigkeit vom Willen Gottes ansahen. Sie pflegten sie nicht als Strafe, sondern als religiös-gläubige Überlegenheit, unabhängig von einer unter auferlegten Zwängen geführten weltlichen Existenz. Allerdings als Mittel zur *Befreiung* von den Zwängen blieb diese zum Himmel gerichtete Verklärung wenig erfolgreich. Auf den Boden der Erde

zurückgebracht, mußten die über die Lande zerstreuten und immer wieder von Katastrophen heimgesuch-
ten Juden nach anderen Wegen suchen, mit denen sich
gegen die existentiellen Zwänge erfolgreich angehen
ließ. Da war erstens der schon oft in der Geschichte
der Völker auch von den Juden unternommene, meist
erfolglos geführte militante Kampf der Minorität gegen die Majorität; zweitens die geduldige Unterwerfung unter die Zwänge, verbunden mit dem Versuch,
ethnische Zusammengehörigkeit durch striktes Festhalten an religiösen Überlieferungen standhaft zu machen; drittens Beharrlichkeit im Streben nach Gleichberechtigung.

In der Tat kommen wir in der Geschichte der Juden
öfter Ereignissen entgegen, die von einer Gleichberechtigung jüdischer Gruppen mit den Bewohnern ihres
Gastlandes zu berichten wissen. Es werden dann in
erster Linie hervorragende jüdische Persönlichkeiten
angeführt, die den Zustand der Gleichstellung durch
ihr Wissen, ihre Kenntnisse oder spezielle Fähigkeiten
erworben haben. Zwar reflektierte sich ihre „gleichbe-
rechtigte" Position mehr oder minder auf ihre Glaubensgenossen, aber ein erwünschter Status wurde ihnen als Gruppe hierdurch nicht verliehen. Es wäre
daher falsch, im vorliegenden Zusammenhang unseres
Themas auf derlei Ereignisse einzugehen. Soweit sie in
der Geschichte der Wanderungen der Juden erwähnt
oder herausgestellt werden, sind sie für unsere Problematik irrelevant. Erst als sich das Verlangen nach
Gleichberechtigung aller Menschen zu einer gesamtgesellschaftlichen Bewegung entwickelte, auf die die Juden übrigens so gut wie keinen Einfluß hatten, als die
Tore zur unbeschränkten Freiheit des Menschen sich
langsam zu öffnen begannen, erhob sich auch die
Stimme jüdischer Gruppen hier und dort. Beharrlich

pochten sie auf die auch ihnen zukommenden natürlichen Rechte des Einzelmenschen, reklamierten auch für sich die konstitutionellen Absicherungen, wie sie im 18., 19. und 20. Jahrhundert der Emanzipation des Bürgertums und der Arbeiterklasse zugrunde lagen.

Freiheit der Wahl

Wir wollen hier nicht dem lange sich hinziehenden emanzipatorischen Vorgang der Juden mit seinen Rückschlägen und Erfolgen nachgehen, uns interessieren vordringlich die *Auswirkungen* der graduellen Emanzipation auf den jüdischen Geist. Daher haben wir zu fragen, ob beharrlich erstrebte Gleichberechtigung und darauf folgende Assimilation einen geistigen Prozeß in Bewegung gesetzt haben, dem im Real-Erfaßbaren integristische Dynamik zugesprochen werden kann. Ob sich von der Emanzipation der Juden als einer teilweisen oder völligen sprechen läßt und ob man sie aus rechtlicher, sozialer oder ökonomischer Sicht betrachtet, sicher ist, daß, wo sie möglich wurde, sie ein Befreiungsakt war, der von außen, von der nichtjüdischen Gesellschaft an die jüdische herangetragen wurde. Den Juden wurden bisher verschlossene Teile einer Welt zugänglich gemacht; sie standen sozusagen zur Disposition. Während sie bis zu jenen Tagen aufgrund gesetzlicher oder verordneter Beschränkungen existentielle Voraussetzungen — von Wohnort bis zu Berufswahl, von Glaubensverpflichtung bis zu Freisinnigkeit, vom Lernen bis zum Lehren — nicht frei bestimmen konnten, war ihnen hinfort *Freiheit der Wahl* gegeben. Wir sprechen hier nicht etwa von der vielbesungenen und verteidigten „Freiheit" als einem der obersten Werte des Menschen, auch nicht von jener Freiheit, die stets im Zusammenhang mit Gleichheit und Brüderlichkeit heraufbeschworen wird, sondern von einer durch Lösung von äußerem Zwang hervorgerufenen *Selbstbestimmung* mit Bezug auf intellektuelle und institutionelle Möglichkeiten, auf gesellschaftliche Funktionen, Rollen und Interessen sowie deren Gestaltung.

Dieser die gesamte Emanzipationsperiode bis in die heutige Zeit dauernde geistige Prozeß der Freiheit der Wahl hat in dem Sinne, in dem wir ihn verstehen, nichts mit solchen Begriffen wie Freiheitlichkeit, Freiheitsdrang, Freiheitsliebe oder Freiheitssinn zu tun; denn dies sind Allgemeingültigkeiten, die in ihrer Ursprünglichkeit Sympathien und Gefühle durchziehen. Es geht hier, so ist zur Vermeidung von Mißverständnissen noch einmal zu betonen, ausschließlich um einen in seinen Auswirkungen real erfaßbaren geistigen Prozeß, der durch die von außen hervorgerufene Emanzipation der Juden (dort, wo sie stattgefunden hat) beherrschend geworden ist und zu dem geführt hat, was schlechthin als Assimilation bezeichnet wird. Kann doch der Wille zur Assimilation erst dann zur Tat werden, wenn sich zum einen der Zugang zu einer anderen Welt als der eigenen eröffnet und zum anderen die Freiheit besteht, sich aus der anderen Welt dasjenige auszuwählen, dem man sich anzupassen wünscht. Wenn wir nun kurz gefaßt einige wenige Beispiele für Assimilationsvorgänge anführen, denen der geistige Prozeß „Freiheit der Wahl" zugrunde liegt, dann geht es uns auch hier wieder darum, anhand der Auswirkungen zu erkennen, ob er sich als integristisch erwiesen hat.

Nehmen wir als erstes Beispiel das *Konvertitentum*, den Übertritt zu einem anderen Glauben beziehungsweise den Abfall vom jüdischen. Hier werden unterschiedliche Ursachen geltend gemacht: christlicher Missionarismus, Zwangstaufe, ungünstige Rechtsstellung, Judenmission, Mischehe und auch religiöse Überzeugung. In den meisten dieser Fälle, so zeigt uns die Geschichtsschreibung, handelt es sich um eine Apostasie, deren Ursachen in einem wie immer gearteten Zwang zu finden sind, der sich durch den teilweise geradezu heroischen Widerstand veranschaulichen läßt, mit dem sich Juden der Taufe widersetzten. Während weit bis in die Vergangenheit zurückreichende Konvertierungen zahlenmäßig nicht zu erfassen sind, lassen sich aus dem Zeitalter, in dem die Staaten die Wege ihrer Bürger zu registrieren begannen, Ziffern anführen, die, wenn sie auch nicht absolut genau stimmen sollten, zumindest das ungefähre Ausmaß der Konvertierungen anzeigen. Für das 19. Jahrhundert hat man eine Zahl von etwa 225 000 Menschen errechnet, die vom jüdischen Glauben abgefallen sind. Während zum Beispiel *Arthur Ruppin* von 22 520 Konvertierungen im Deutschland des 19. Jahrhunderts spricht (in: The Jewish Fate and Future, London 1940), legt die nationalsozialistische Publikation „Forschungen zur Judenfrage" im Band 2 eine zehnmal so große Ziffer vor, nämlich 224 000 Juden, die in der gleichen Periode allein in Preußen übergetreten seien. Nachweislich steht fest, daß sich mit Beginn der Emanzipation vom Zeitalter der Aufklärung an und verstärkt während der Romantik eine Konvertierungswelle erstreckte, die mal stärker, mal schwächer bis in die Zeit des Nationalsozialismus dauerte, als Juden durch

Übertritt zu christlichen Religionen ihr Leben zu retten versuchten. Wenn dieser Schritt leider trotzdem meist vergeblich blieb, so zeigt sich hierin doch eines der vielen *Motive*, die außerhalb religiöser Überzeugungen zum Konvertitentum geführt haben. Da die nationalsozialistischen Rassengesetze ein mächtiges, todbringendes Zwangsmoment enthielten, läßt sich die Motivation zum Abschütteln der religiösen Zugehörigkeit beziehungsweise Treue durchaus als selbstschützend und *selbstsüchtig* ansehen. Wir erwähnen dies nicht als Vorwurf, sondern nehmen das Beispiel zum Anlaß aufzuzeigen, daß in der Tat die Großzahl der Über- und Austritte von jeher auf der Erlangung von Eigeninteressen beruhte. Sie dienten der Verbesserung der materiellen und sozialen Situation der Betroffenen, ermöglichten das Eingehen einer Mischehe, eröffneten den Zugang zu Wissenschaft, Universität, Kunst und Politik, kurz, zur personenbezogenen Eingliederung in eine Gesellschaft, die das den Juden nach langem Kampf verliehene Bürgerrecht und, damit verbunden, das Assimilationsstreben einzuschränken oder zu begrenzen wußte. Konvertierung, wenn sie einer Konzession an den Selbsterhaltungstrieb gleichkommt, unterminiert den durch Emanzipation hervorgerufenen geistigen Prozeß der Freiheit der Wahl: Es entstehen sowohl das Kollektiv berührende innerjüdische Konflikte als auch individuelle, personenbezogene, die sich als *geistiges Dilemma* ansprechen lassen. Damit verliert der hier zur Diskussion stehende geistige Prozeß in seinen Auswirkungen an integristischer Kraft. Dieses am Beispiel der Konvertierung aufgezeigte „geistige Dilemma" — führe man sein Entstehen auf Zwangs- oder Notlagen, auf Umstände, Doppellösungen oder Scheidewege zurück — schwebt beherrschend über der gesamten als Emanzipations- oder als Assimilationsbewegung angesprochenen Geschichtsperiode der Juden. Gleich, durch welches Handeln und in welchem Ausmaß sich die beiden Bewegungen mit Bezug auf Glaubensgewißheit materialisieren — durch Konvertierung, durch erklärten Austritt aus der jüdischen Gemeinde, durch Substitution, Kultspaltung, Mischehe, Opportunitätsgeschehen oder Agnostizismus —, immer wieder dämmert im Hintergrund ein nur schwerlich abzuwerfendes geistiges Dilemma. Der Jubel über durch Freiheit der Wahl ermöglichte Schritte wird durch das Entstehen von Konflikten gedämpft.

Doppelzugehörigkeit

Ein weiteres Beispiel ist zur Verdeutlichung unserer Analyse anzuführen. Seit den Tagen, als die Juden ihre unfreiwilligen Gettos verlassen konnten, suchten sie ihr Leben dem ihrer Gastvölker anzupassen. Ohne hierbei ihr Jude-Sein zu gefährden, galt dies auch für ihr religiöses Leben, das bis dahin strengstens durch einen geistigen Traditionsprozeß angeführt worden war. Jetzt zeigten sich durch die geistige Kontaktaufnahme mit einer bisher für die Juden verschlossenen nichtjüdischen Umwelt sowie die gegebene Freiheit der Wahl immer deutlicher werdende Möglichkeiten der Umgestaltung. Es wandelte sich der Grad des Festhaltens an der traditionellen religiösen Lebensführung und damit verbunden auch die Anordnung und Beschaffenheit des Kultus. Demzufolge bildeten sich verschiedene als orthodox, konservativ, liberal und reformiert bezeichnete Gruppierungen, denen sich der einzelne Jude in Lebensführung und Kultus anschließen konnte. Entgegengesetzt, ja manchmal geradezu kämpferisch stehen sich heute noch strenggläubige jüdische Orthodoxie und jüdisch-religiöser Liberalismus gegenüber und greifen dadurch mitten hinein in die Anerkennung des dem Einzelnen als einem sich mit Judenheit und Judentum identifizierenden Juden. „Bin ich noch fromm, bin ich noch gläubig?" fragt sich der Jude, der am Sabbat arbeitet, die jüdischen Speisegesetze mißachtet, statt in Hebräisch in seiner Landessprache betet, es vorzieht, den von Orgelmusik und Chorgesang begleiteten Gottesdienst in einer liberalen Synagoge zu besuchen — und gerät durch diese und andere Handlungs- und Verhaltensweisen in ein geistiges Dilemma, das ihm die Identifizierung mit der Glaubenseinheit erschwert, wenn nicht gar zu desintegristischen Einengungen auf Äußerlichkeiten führt. In diesem Zusammenhang der Zersplitterung des geistigen Prozesses „Freiheit der Wahl" durch den Prozeß „geistiges Dilemma" läßt sich sehr wohl auch der durch Emanzipation und Assimilation hervorgerufene Vorgang einreihen, der sich durch die Gegenüberstellung von „deutscher, französischer, amerikanischer usw. Jude" und „jüdischer Deutscher, Franzose, Amerikaner usw." als *Doppelzugehörigkeit* präsentiert. Ihm liegt eine Wechselbeziehung zugrunde, die nicht das Kriterium eines sich integristisch auswirkenden jüdischen Geistes in sich trägt.

Wir haben uns beim Thema „Emanzipation und Assimilation" verhältnismäßig lange aufhalten müssen, nicht nur weil diese Periode in nächster Vergangenheit gelegen und bei weitem noch nicht abgeschlossen ist, sondern vor allem, weil aufzuweisen war, wie ein von der Majorität veranlaßter, angeregter oder verursachter, mit Genugtuung entgegengenommener geistiger Prozeß bei der davon betroffenen Minorität ein Widerstreben hervorrufen kann, welches sich in seinen letzten Konsequenzen desintegristisch auswirkt. Gerade dieser Ablauf steht immer wieder im Mittelpunkt jener Diskussionen, die apodiktisch die der Assimilation unterliegenden geistigen Prozesse zu einem allgemeingültigen integristischen „jüdischen Assimilationsgeist" erheben, um damit ein mechanistisches Bild aufzubauen, das an der Frage nach dem *Menschen als Träger* eines wie immer gearteten jüdischen Geistes vorbeigeht. Schließlich bleibt es doch wesentlich, zu erkennen, ob der der Emanzipation zusammen mit der Assimilation zugrunde liegende beziehungsweise aus diesen Bewegungen hervorgegangene geistige Prozeß die geistige Haltung des jüdischen Menschen in einer Weise beeinflußt hat, daß er wahrlich Jude geblieben ist und sein Jude-Sein nicht etwa nur als eine Ehrensache oder als eine Gefühlsangelegenheit ansieht — eine Haltung, die in engster Verbindung mit Fortgang und Fortbestehen der Assimilation steht, zumal sie offen oder heimlich vor sich gehen, wie ein Ideal gepriesen oder wie eine Feigheit vertuscht werden kann. Wir sprechen hier einen kritischen Punkt an, der, von uns als „geistiges Dilemma" vorgestellt, innerhalb der Judenheit zu endlosen Streitereien, Anklagen, Kämpfen, Schuldzuschreibungen sowie zu Erniedrigungen und desintegristischen Folgen geführt hat.

Bei dem Versuch, diesen kritischen Punkt zu verdeutlichen, ist noch einmal hervorzuheben, daß Judentum weder eine Vereinigung ist, auf die man sich durch Beitragszahlung berufen kann, noch eine Kirche, die durch magische Handlungen ihren Mitgliedern auf Erden und im Himmel gewisse Vorzüge zusichert. Im übrigen dürfte es für die vorliegende Problematik auch gleichbleiben, ob Judentum oder in diesem Zusammenhang besser gesagt Judaismus als ein Geisteszustand oder als eine Observanz anzusehen ist. Fest steht, daß eine gläubig gebundene Auffassung vom Jude-Sein davon ausgeht, daß man es von Geburt an, jeden Tag und in jedem Augenblick ist und der Erfüllung der Aufgabe, Jude zu sein, gegenübersteht, auf die es sich unentwegt vorzubereiten gilt. Dieser, wenn ich sagen darf, „orthodoxen" Auffassung und Haltung steht eine „moderne" gegenüber, bei der das Jude-Sein nicht nach einer derartigen Erfüllung durch tiefgreifendes und unerläßliches Festhalten am traditionellen Judaismus verlangt: wo zwar von Zeit zu Zeit eine Synagoge aufgesucht wird, am Versöhnungstag gefastet wird, der neugeborene Sohn beschnitten und zur Bar Mizwa geführt wird, man aber im übrigen im Milieu der nicht-jüdischen Gesellschaft wie Nichtjuden lebt. Auf diese hier nur knapp skizzierte Weise entsteht das als typologisch anzusehende Bild vom *assimilierten Juden,* dem es weder darum getan ist, radikal mit seiner Vergangenheit zu brechen, noch dazu den notwendigen Wagemut besitzt. Er hält in der Vorstellung wie in der Wirklichkeit eine Fiktion aufrecht, bei der ihm die jüdische Gemeinschaft eine rein religiöse Gemeinschaft ist, eine Assoziation von Einzelwesen, die nur durch ein theologisches Band miteinander verbunden sind. Da es ihm schwerfällt, sich rigoros und endgültig von seinen geistig-religiösen Bindungen zu lösen, verweist er sie auf eine abstrakte und metaphysische Ebene. Er bedient sich gewisser wenig Mühe und Umstände bereitender Teilaspekte rituell-formalistischer Handlungen, um sein Gewissen mitsamt den Vorteilen, die ihm die Auswirkungen des Emanzipation und Assimilation durchziehenden geistigen Prozesses gebracht haben, in ein ihm genehmes Bild einzubauen. Auf diesem Wege, also unter Beachtung einer durch Verlagerung abgeschwächten Fügsamkeit gegenüber traditionellen gläubig-religiösen Vorschriften, bewältigt oder zumindest überdeckt der assimilierte Jude das geistige Dilemma, in dem er sich befindet: nunmehr kann er jede Anpassung, Annäherung, Ähnlichkeit oder Kompromißbereitschaft vor sich selbst rechtfertigen.

Wem das in diesem Kapitel Ausgeführte als übelwollend in den Ohren klingt, der möge verstehen, daß sich die vorgelegte bündige Analyse nicht gegen Emanzipation und Assimilation oder den emanzipierten und assimilierten Juden richtet. Eine deutliche Sprache war vonnöten, weil es zum einen darum geht, zu veranschaulichen, wie sich ein stets noch in Bewegung befindlicher und für die Juden vielversprechender geistiger Prozeß als konstant desintegristisch erweist; zum anderen, weil eindeutig zu verstehen zu geben war, daß, wenn von jüdischer wie nichtjüdischer Seite immer wieder hervorgehoben wird, die Juden hätten sich eine durch das jüdische Leben gefestigte Einheit bewahrt, dies nicht der Wirklichkeit entspricht.

Leben als Volk

Von Beginn unserer Analyse haben wir es vermieden, von den Juden als einem Volk zu sprechen. Wir hielten es für dienlicher, Begriffe wie Gruppe, Kollektiv, Aggregat oder Gemeinschaft zu benutzen, um gesamtheitlichen, spezifisch jüdischen geistigen Prozessen nachzugehen. Nun treten aber bei fast jeder Betrachtung über Judenheit, Judaismus, Judentum und nicht zuletzt jüdischem Geist Hinweise und Bezüge auf die *Juden als Volk* auf. Ungezählt sind die Schriften und Auseinandersetzungen, die das Bestehen, Weiterbestehen oder den Untergang des „jüdischen Volkes" behandeln sowie das „jüdische Volk" wertend als auserwählt, geliebt, anstößig, störend, würdig, unwürdig usw., als Fiktion, Illusion, Tatbestand, Mysterium oder Realität umschreiben. Alle diese Möglichkeiten sind gegeben, und verfolgt man sie quer durch die Geschichte der Juden bis in die Gegenwart, dann sieht man sie in ihren Grundzügen an zwei Polen festgehalten: am Religiösen, für das die bis heute gesprochenen jüdischen Gebete, in denen das „Volk Israel" evoziert wird, beispielhaft sind, und andererseits am Weltlichen, für das derzeit Zionismus und der Staat Israel stehen, worüber noch zu sprechen sein wird.

Das deutet an, daß der Begriff „Volk" in seiner allgemeinen und speziellen Bedeutung, in seiner materiellen und immateriellen, politischen, kulturellen, sozialen und religiösen Deutung über die Jahrhunderte unterschiedliche Inhalte umfaßte. Mal definierte er sich als Bezeichnung für eine auf einem abgrenzbaren Land- und Kulturgebiet lebende Bevölkerung, mal als eine spezifische Rasse von Menschen, mal als Gesamtheit aller Staatsbürger, mal als eine Form vornationaler Gemeinschaftsbildung, nicht zu sprechen von Wortkombinationen, wie z. B. Volksseele, Volkscharakter, Volksbestimmung, Volksglaube, Volksrecht und auch Volksgeist. In diesen Definitionen und Kombinationen sind zweifellos gültige Faktoren für die Bestimmung des Begriffs „Volk" enthalten, zumal wenn davon ausgegangen wird, daß von „Volk-Sein" erst dann die Rede sein kann, wenn ihm real erfaßbare Güter wie Land, Kultur, Rasse, Charakter, Recht, Glaube, Geist usw. zu eigen sind, und zwar allen *gemeinsam und einheitlich.*

Nun glaube man nicht, wir wollten uns mit diesen wenigen Worten in wissenschaftliche Disziplinen wie Völkerkunde, Anthropologie oder Ethnologie einmischen, um ihnen am Beispiel der Juden bei der Definition und Auslegung des Begriffs Volk zur Seite zu stehen. Wohl aber galt es, die *Mannigfaltigkeit* des Volkskonzepts kurz anzudeuten, um von dort aus den oder die geistigen Prozesse zu erfassen, die als jüdischer Geist die in allen möglichen Zusammenhängen oft angesprochene Begriffskonstellation „jüdisches Volk" in seinen Auswirkungen bestimmen. Gerade diese Mannigfaltigkeit — von der wir zu Beginn unserer Ausführungen als einer unbegrenzten Vielzahl von partiellen Deutungen sprachen — wird uns Auskunft darüber geben können, ob es geistige Prozesse gibt oder gegeben hat, die — worauf ebenfalls hingewiesen wurde — das Gesamt der historischen Komplexe ausmacht. Nicht erst seit den Zeiten der Emanzipation wurde von jüdischer wie von nichtjüdischer Seite direkt oder indirekt, verdeckt oder offen, die Frage angegangen, ob die Juden als ein Volk anzusehen sind oder ob sie mit der Zerstörung des Tempels in Jerusalem, der darauffolgenden Zerschlagung eines staatlichen Lebens und später der Zerstreuung in die Welt den Charakter eines Volkes verloren haben. Diese von seiten der Juden bis ins 19. Jahrhundert äußerst diskret behandelte, mehr geistliche als weltliche Problematik sollte seit der Französischen Revolution immer stärker in den Vordergrund existentieller Diskussionen treten. Dies war zum einen die Folge der Agitation derjenigen, die die Einbürgerung der Juden in ihren Nationalstaat als die Verleihung einer doppelten Volkszugehörigkeit ansahen und sich ihr widersetzten. Zum anderen war es die Folge einer „Lösung" dieses Zwiespalts, indem sich Juden das opportune Angebot von Gesetzgebern zunutze machten, ihr „weltliches" Judentum in ein „konfessionelles" umzuwandeln. Nicht zuletzt wurde die Problematik durch das Festhalten an einer Volksideologie, die ihren Rückhalt in den biblischen Schriften und Verkündigungen fand, innerhalb der Judenheit zu einem heiß umstrittenen Thema.

Es ist weder an uns, Bestimmungen für den Begriff Volk vorzulegen, noch zu den Argumenten für und wider die Auffassung von den Juden als einem Volk Stellung zu nehmen. Uns kann hier nur interessieren, welche geistigen Prozesse dem Für und Wider zugrunde liegen und wohin sie geführt haben, das heißt, ob und inwieweit sie Manifestationen eines gemeinsamen und einheitlichen jüdischen Geistes sind. Um diesbezüglich Klarheit zu schaffen, seien aphoristisch und kommentarlos aus der Reihe der vielfältigen und gegensätzlichen Argumente einige derjenigen angeführt, die am häufigsten vorgetragen werden:

— Gott schloß einen Bund mit einem speziellen Volk, das sein Priestertum sein sollte.

— Die Verbindung von Religion, Volk und Land (in dessen Hauptstadt Jerusalem das religiöse Zentrum des Judentums, Salomons Tempel, stand) ist unlösbar. Darum bedeutet Jude-Sein die Zugehörigkeit zu einer Religion, einem Volk und einem Land.

— Im Laufe der Jahrtausende sind die Juden aus der schwächlichen und gefährdeten Form eines bloßen Volkes, das Boden erwirbt, erobert, festhält, sehr früh in die unangreifbare Form des Priestervolks, des messianischen Volks ausgewichen.

— Seit Beginn der durch die Zerstörung der Königreiche Israel und Juda gekennzeichneten Diaspora lassen sich die Juden immer weniger als ein Volk ansehen, als eine sich auf ethnische, nationale Züge sowie auf eine gemeinsame Anhänglichkeit an Traditionen, Anschauungen und religiöse Praktiken gründende Realität.

— Dem Judentum ist ein Volkstum eigen; die Gemeinschaft der Juden ist ein Volk und verlangt es zu sein: das „Volk Israel".

— Die Juden sind ein Volk als Glaubensgemeinschaft und wurden als Glaubensgemeinschaft zum Volk: Volk und Glaubensgemeinschaft sind eins.

— Das Wesen Israels besteht aus kennzeichnenden Elementen, die es mit keinem anderen Volk teilt.

— Das jüdische Volk ist oder war bis vor nicht allzulanger Zeit als Volk ein Wandervolk.

— Das Festhalten am Glauben kommt unter anderem in der Geschichtsauffassung des jüdischen Volkes zum Ausdruck.

— Es war wichtig zu achten, daß das Volk nicht in der Verbannung auseinanderfloß. Man verstand schon damals, im babylonischen Reich nicht mehr, was man war und was man wollte.

— Die Sache des wieder erstehenden jüdischen Volkes ist die der Armen und des geistigen, nichtrabbinischen Vortrupps.

— Ob die Juden wollen oder nicht: offen oder geheim tragen sie die Frage nach dem Volk mit sich herum. Sie können nicht ausweichen. Es ist ihnen nicht gestattet, Privatpersonen zu sein.

— Das Judentum begann erst mit dem Aufhören der Nation in voller Kräftigkeit aufzublühen; das Volk erstand im Geiste, wie es im Leibe nach dem Tode verfiel.

Es wäre leicht, noch weitere Gedankengänge vorzulegen, die für jene jüdischen Kreise typisch sind, aus denen sie kommen (Fromme, Liberale, Strenggläubige, Reformisten, Jiddischisten, Assimilisten, Sozialisten, Volkisten), als auch für die Vielzahl und Gegensätzlichkeit der geistigen Prozesse, die aus ihnen sprechen. Doch das hieße nicht nur den Leser strapazieren, sondern überdies die Linie unserer auf den jüdischen Geist ausgerichteten Analyse zu verwischen. Denn bei aller gebotenen Vorsicht, mit der wir an die Thematik „jüdisches Volk" herangegangen sind, wurde sie bisher noch nicht aus der Sicht der realen Erfaßbarkeit des *Als-Volk-Leben* aufgerollt. Denn Volk ist nicht nur eine amorphe Masse, sondern eine Gesamtheit von Menschen, die zu handeln, zu leben imstande sind. Damit will ich sagen, das was für die Juden bis zum Jahre 70 unserer Zeitrechnung möglich war, nämlich als Volk zu leben, und dann unmöglich wurde, rettete sich in ein Trauern um vergangene Zeiten sowie in den sehnlichen Wunsch, der durch die Diskussion um die nicht in die Realität umzusetzende Frage: Sind wir ein Volk oder nicht? über und durch einen Prozeß der *Vergeistigung* am Leben erhalten blieb. Dieser lang andauernde Prozeß wurde einerseits durch Umstände, die die Erfüllung des Wunsches in immer weitere Ferne rücken ließen, geschwächt, andererseits durch breite, in die Welt verstreute Gruppen von Juden sowie die nichtjüdische Umwelt, denen die Volks-Idee aus unterschiedlichen Gründen keineswegs zusagte. So begann und verstärkte sich auch hier, wie so oft schon in der Geschichte der Juden, ein Rückzug vom Weltlichen in das Religiöse oder, genauer gesagt, die *Substitution* der vergeistigten Inhalte von „Volk" durch die praktizierten religiösen Inhalte von „Judentum".

Aussagen und Lehren, die sich auf das göttliche Gesetz, auf den Bund, den Gott mit dem jüdischen Volk geschlossen hat, sowie auf die Hilfestellungen, die ihm Gott erwiesen hat, beziehen, werden in Segenssprüche und Gebete an prominenter Stelle in der Art einbezogen, daß der Glaube an die Existenz eines jüdischen Volkes mit dem Glauben an das Bestehen des eine Volksidee umfassenden Judentums gleichgesetzt wird.

Es verlieren bzw. verwandeln sich die dem Volksbegriff unterliegenden geistigen Prozesse. Zur Erhaltung eines Gemeinschaftsgedankens (nicht etwa zur Etablierung eines romantisierten Volksgeistes) kommt eine Notform zustande, die sich als „Judentum" zusammengefaßt zu gleicher Zeit als Volk, Nichtvolk und Übervolk präsentiert. Jetzt war nicht länger eine Antwort auf die Frage „Wie stehst du zu deinem Volk?" zu geben, sondern auf die Frage „Wie stehst du zu deinem Judentum?" Als sich während der Emanzipationsperiode eine völkische Rassenlehre zu verbreiten begann, wurde diesem Wandel besonderer Nachdruck verliehen. Ihren Einfluß auch auf so manchen Juden ausübend, wurde sie genutzt, um die Idee vom jüdischen Volk bei denjenigen zu unterminieren, die dem Angebot, sich einer anderen (deutschen, französischen, englischen usw.) Volksgemeinschaft anzuschließen und als die ihre anzuerkennen, Folge leisteten. Ohne zu ahnen, wohin das Denken in Rassen führen sollte, wurde es zunächst von den Juden (wenn auch nicht allen) akzeptiert, um dadurch dem Vorwurf doppelter Volkszugehörigkeit zu entgehen, der später, als das Verhängnis dieses Konzepts immer deutlicher wurde, durch die Flucht in das sogenannte „Konfessionsjudentum" entkräftet werden sollte.

Indessen dauerten die dem Volksgedanken unterliegenden geistigen Prozesse, darunter der des Als-Volk-Leben, an, um zur wirklichen Problematik der Stellung des Juden zu seinem Judentum — dem Substitut für Volk, Art und Rasse — zu werden. Zu diesem Zeitpunkt hatten sich die meisten der bereits observierten geistigen Prozesse mitsamt ihrer integristischen Kraft und Dynamik derart abgeschwächt, beziehungsweise abgenutzt, daß sie nicht mehr einen gemeinsamen und einheitlichen jüdischen Geist hervorrufen konnten. Sowohl von innerjüdischen Zersplitterungen und Unsicherheiten als auch von äußerem antijüdischem Druck gedrängt und die Notwendigkeit einer Verbundenheit zu Zwecken gemeinsamer Orientierung und Handelsbereitschaft erkennend, begann ein Suchen nach Möglichkeiten einer Wiederbelebung abgeschwächter geistiger Prozesse oder nach neuen geistigen Elementen oder einer Fusion von alten und neuen. Es häuften sich die innerjüdischen Diskussionen in bezug auf die Stellung des Juden zu seinem Judentum, wobei dieses je nach Ansatz der Auseinandersetzung als weltliche oder geistige Glaubensgemeinschaft, als Volk, als Religionszugehörigkeit, als politische, kulturelle Einheit oder spezifische ethnische Einheit angesehen wurde. Da zu dieser Zeit für einen Großteil der Juden der Zugang zur Welt außerhalb der Gettos gesichert war und sich Verbindungslinien zwischen den in alle Winde zerstreuten Juden herstellen ließen, kamen aus allen Ecken Stellungnahmen, Vorschläge, Mahnungen und Polemiken von Wissenden und Unwissenden, Frohlockenden und Betrübten, Frommen und Liberalen, auf die einzugehen hier nicht möglich ist. Es mag genügen, die zu analysierende Problematik bei einem jüdischen Denker, nämlich *Martin Buber,* anzusiedeln, zumal seine wortgewaltigen geistigen Ermunterungen nicht ohne weitreichende Folgen geblieben sind.

In Bubers berühmt gewordenen „Reden über das Judentum" (Neuabdruck Köln 1963) werden zwei der von uns berührten Problemkreise angesprochen. Einmal, von der Affirmation ausgehend, daß Israel nie aufgehört hat, Volk zu sein und es Volk war, als es noch kaum Völker gab, betont Buber das Element des Blutes im Judentum, indem er ausruft, „daß die tiefsten Schichten unseres Wesens vom Blut bestimmt" sind (S. 13). Diese zu Beginn des 20. Jahrhunderts gemachte Aussage darf allerdings nicht im Sinne einer „Blut-und-Boden"-Ideologie mißverstanden werden, sondern erhellt sich aus dem Zusammenhang als der Versuch, eine Modalität der „tiefsten Schicht" des Selbstverständnisses für das Volk-Sein aufzudecken. Darum heißt es auch zwei Seiten weiter: „Die tiefste Schicht der Disposition aber, die dunkle schwere Schicht, die den Typus, das Knochengerüst der Personalität, hergibt, ist das, was ich Blut nannte." Ganz im Sinne des „Volksgeistes", diesem Zentralbegriff der deutschen Romantik, wird hiermit nicht nur der eigentümliche Charakter und die Schöpferkraft des jüdischen Volkes angesprochen, sondern auch eine auf archaische Vorstellungen zurückgehende Kollektivkraft, die, wie wir erkennen konnten, vergangen war. Doch dabei allein beließ es Buber nicht. Er wollte überdies den geistigen Prozeß des jüdischen Volkes als den geistigen Prozeß des Judentums erfassen, womit wir wieder beim zentralen Thema unserer Ausführungen sind. Er vollzieht sich gemäß Buber im „Streben nach einer immer vollkommeneren Verwirklichung dreier untereinander zusammenhängender Ideen: der Idee der Einheit, der Idee der Tat und der Idee der Zukunft" (S. 33). Dabei legt sich der Philosoph ausdrücklich darauf fest, daß, wenn er von Ideen spreche, er sich nicht auf abstrakte Begriffe beziehe, sondern auf „natürliche Tendenzen des Volkscharakters, die sich mit so großer Kraft und mit so großer Dauer äußern, daß sie einen Komplex von geistigen Werken und Werten erzeugen, welcher als *das absolute Leben des Volkes* angesprochen werden darf" (ebda.).

Indem Buber dem geistigen Prozeß des Judentums das Postulat der Idee der Einheit, der Tat und der Zukunft als „natürliche Tendenzen des Volkscharakters", diesem aus der Völkerpsychologie herrührenden Begriff unterlegt, und im gleichen Atemzug von einem „absoluten Leben des Volkes" spricht, findet bei ihm wie bei anderen nicht nur eine Gleichsetzung von Judentum und Volk statt, sondern überdies auch noch die Verwandlung von Leben *als* Volk in Leben *des* Volkes — zwei durchaus unterschiedliche Prozesse mit durchaus unterschiedlichen geistigen Prämissen.

Es ist nicht an uns, sich mit den Buberschen Gedankengängen zustimmend oder ablehnend auseinanderzusetzen. Sie sollen nur als Beispiel für den von vielen Seiten unternommenen Versuch dienen, abgeschwächte geistige Prozesse, darunter den „Als-Volk-Leben" angesprochenen, anhand eines Volksbegriffs und -konzepts wiederzubeleben. Würde er sich in realer Erfaßbarkeit als integristisch erweisen, dann könnte von einem allen Juden gemeinsamen jüdischen Geist gesprochen werden, doch dem ist derzeit nicht so.

Die zionistische Bewegung

Die im vorhergehenden Kapitel dargelegten, den Faktoren „Jüdisches Volk" und „Als-Volk-Leben" unterliegenden, auf Integrismus ausgerichteten geistigen Prozesse belebten sich durch die darüber entstandenen Diskussionen immer mehr und wurden schließlich zum Anstoß einer Bewegung, die unter dem Namen *Zionismus* bekannt ist. Wie jeder Bewegung lag auch der zionistischen eine Idee zugrunde, die hier kurz skizziert werden muß, um den Zugang zu unseren Erörterungen zu ermöglichen. Doch zuvor der Hinweis, daß sich die hier folgenden Fragestellungen auf eine Periode beziehen, die vor der Errichtung des Staates Israel lag; die zionistische Bewegung also noch nicht zu einem greifbaren Ergebnis geführt hatte. Die zeitliche Beschränkung ist wichtig, deshalb sei zunächst eine Erläuterung der Idee des Zionismus vorgelegt, die dem 1935 erschienenen Philo Lexikon, dem Handbuch des jüdischen Wissens, entnommen ist. Dort heißt es: „Die Idee geht von der Anschauung aus, daß die Juden ein Volk seien, betrachtet daher Juden-Frage vor allem als nationale und politische Frage. Überwindung der Spannungen mit der Umwelt und ‚Normalisierung' jüdischen Lebens könne nur durch Schaffung eigenen Territoriums erfolgen. Aus dieser Erkenntnis soll Palästina als geschichtliches Herkunftsland der Juden aufgebaut werden und als Vorbild befruchtend auf das Leben der Juden außerhalb Palästinas wirken. Auch werde die Besinnung auf das eigene Volkstum eine weniger problematische Beziehung zwischen den Juden und ihrer nichtjüdischen Umwelt herbeiführen. Aus diesen Grundideen entwickelte sich allmählich die Ideologie des Zionismus, vielfach gewandelt und häufig umgeprägt."

Bei genauem Hinsehen werden in dieser äußerst vorsichtigen und wohl bewußt allgemein gehaltenen Erläuterung mehrere in unterschiedliche Richtungen verlaufende Denk- und Motivationsprozesse vorgelegt. Sie werden verständlich, wenn wir auf von uns schon dargelegte Prozesse zurückgreifen, die wir an die Geschichte der Juden angebunden hatten:

Erstens die Tradition mit ihren religiösen Prämissen und Lehren;

zweitens die auf den modernen Freiheitsbewegungen beruhende Freiheit der Wahl;

drittens das Emanzipationsgeschehen mit seinen Vor- und Nachteilen.

Veranlaßt durch die unterschiedlichen geistigen Prozesse, sollten sich dementsprechend auch unterschiedliche Zionismus-Ideologien herausbilden, die zwar das gleiche Ziel im Auge hatten, jedoch nicht dem gleichen geistigen Prozeß entsprachen: Die eine Richtung entnahm ihre Leitlinien religiösen, die andere politischen und eine dritte kulturellen Gegebenheiten. Auf eine einfache, aber nicht minder gehaltvolle Formel gebracht, war es der *Wille zum Leben,* der die gesamte zionistische Bewegung durchzog und ihr Kraft und Beständigkeit verlieh. Eindeutig spricht dies aus dem sogenannten *Basler Programm,* das nach vielen Debatten auf dem ersten Zionistenkongreß in Basel (29.—31. August 1897) beschlossen wurde. Es lautet:

„Der Zionismus erstrebt die Schaffung einer öffentlich-rechtlich gesicherten Heimstätte für das jüdische Volk in Palästina. Zur Erreichung dieses Ziels nimmt der Kongreß folgende Mittel in Aussicht:

1. Die zweckdienliche Förderung der Besiedlung Palästinas mit jüdischen Ackerbauern, Handwerkern und Gewerbetreibenden.

2. Die Gliederung und Zusammenfassung der gesamten Judenschaft durch geeignete örtliche und allgemeine Veranstaltungen, nach Maßgabe der Landesgesetze.

3. Die Stärkung des jüdischen Selbstgefühls und Volksbewußtseins.

4. Vorbereitende Schritte zur Erlangung der Regierungszustimmungen, die nötig sind, um das Ziel des Zionismus zu erreichen."

Soweit die Umschreibung einer Bewegung, bei deren Entstehen die Anhäufung von seit Jahrhunderten andauernden Verfolgungen, Diskriminierungen, Unterdrückungen, Pogromen und Unmenschlichkeiten aller Art Pate gestanden haben.

Wenn wir uns nun unserem zentralen Interesse zuwenden, um anhand der der zionistischen Bewegung unterliegenden geistigen Prozesse einen Geist zu erkennen suchen, der allen Juden gemeinsam ist und integristisch wirkt, dürfen wir nicht mit primitiven Argumenten daherkommen, wie: Zionismus ist doch eine von Juden für Juden geführte Bewegung, beruft sich auf jüdische Kultur, jüdische Tradition, jüdische Religion, jüdisches Selbstgefühl, jüdisches Volksbewußtsein — ergo spricht aus ihm ein allen Juden gemeinsamer Geist. Es sei in Erinnerung gebracht, daß alle diese Gegebenheiten beziehungsweise alle ihnen unterliegenden geistigen Prozesse auf ihre integristische Wirksamkeit hin bereits untersucht und als vergangen oder als dynamisch zu schwach erkannt wurden, um nach innen wie nach außen als gemeinsamer jüdischer Geist im Real-Erfaßbaren Bestätigung zu finden. Wir blicken zunächst auf eine Periode in der Geschichte des Zionismus, die sich von ihrem Aufklang, den grausamen Pogromen in Rußland, der erschütternden Affäre Dreyfus sowie dem Aufkommen eines violenten Rassenantisemitismus, über die tatkräftigen Aktivitäten *Theodor Herzls* (Verfasser der Schrift „Der Judenstaat" und Einberufer des ersten Baseler Zionistenkongreß), der weltweiten Gründung zionistischer Organisationen und Vereinigungen bis hin zur Balfour-Deklaration, der Erklärung zugunsten des jüdischen Nationalheims, erstreckt.

Juden waren, wo immer sie lebten, in Zionisten, Antizionisten und Indifferente aufgeteilt, was vielfach bis zu kämpferischen Gegnerschaften führte. Selbst diejenigen, die dem Zionismus als Idee oder aus Eigeninteresse wohlwollend gegenüberstanden und die Bewegung unterstützten, fühlten sich durch grundverschiedene Anschauungen zu ihm hingezogen. War doch für viele die Anziehungskraft der durch den Zionismus versinnbildlichten geistigen Werte weitaus größer als die Verheißung einer gesicherten Heimstätte. Andere wieder sahen im Zionismus göttliche Vorsehung, menschliche Willenskraft oder das logische Ende von unbilligen Umständen. Kurzum, man konnte in Kenntnis der Sachlage oder aus Impuls, aus Hoffnungslosigkeit oder aus Herdentrieb Zionist sein.

Dieser Spaltung in Anschauungen, Anhängerschaften und Gegnern war man sich innerhalb der zionistischen Bewegung durchaus bewußt. Und so ergab sich die Notwendigkeit, den *zionistischen Gedanken* in der Judenheit zu verbreiten. Geistige Prozesse mußten in Bewegung gebracht, vorhandene und neue miteinander verbunden, längst vergangene wiedererweckt werden, und dies in der Form eines griffigen Programms. Dies geschah, und wer uns bis hierhin gefolgt ist, wird in den nun folgenden Ausführungen, in denen wir die Leitlinien dieses „Programms" kurz umschreiben, manche der geistigen Prozesse wiedererkennen, die wir bereits erörtert haben.

Das zionistische Programm begreift die Auffassung eines einheitlichen, ungeteilten Judentums auf nationaler Basis in sich. Kriterium des Judentums ist hiernach nicht ein religiöses Bekenntnis, sondern das Zusammengehörigkeitsgefühl einer Volksgemeinschaft, die, durch Gemeinsamkeiten des Blutes und der Geschichte verbunden, gewillt ist, eine nationale Individualität zu erhalten. Da die unter die Völker zerstreuten Juden nirgends in der Welt ihr Schicksal in Freiheit gestalten können, will der Zionismus die Voraussetzungen dafür schaffen, daß die Juden in der alten Volksheimat Palästina, frei von politischem Druck und gesichert gegen die auseinanderstrebenden Kräfte der Diaspora, als bodenständiges und wohl-strukturiertes Volk leben können. Das Programm macht zwar deutlich, daß die Idee des Zionismus als Rettungsmittel für Leben und Existenz der Juden Geltung hat, doch spricht es expressis verbis nicht davon, daß sich die Idee des Zionismus, einmal in die Tat umgesetzt, als das einzige jüdische Rettungsmittel anbietet, was vielfach perfide als die „Lösung der Judenfrage" angesprochen wird. Doch daß dem so sein sollte, gleich, ob sich diese Einzigkeit erreichen lasse oder nicht, ergibt sich durch den Appell des Programms an einzigartige geistige Prozesse — an einheitliches, ungeteiltes Judentum, Zusammengehörigkeitsgefühl, Volksgemeinschaft, Gemeinsamkeiten des Blutes und der Geschichte —, von denen nicht nur unterstellt wird, daß sie die gesamte Judenheit durchziehen, sondern sich überdies als einen allen gemeinsamen jüdischen Geist derart manifestieren, daß sich durch ihn die Einzigkeit rechtfertigen und auf ihn gründen kann.

An dieser Berufung auf geistige Prozesse, deren integristische Kraft längst versiegt war, sowie an deren Zusammenführung in eine nationaljüdische Auffassung schieden sich die Geister. Hinzu kamen Einwände von seiten jener frommen Juden, die die zionistische Bewegung halbherzig nur um der Möglichkeit willen unterstützten, in der heiligen Erde Palästinas ihre letzte Ruhestätte zu finden. Wahre Gegnerschaft allerdings richtete sich gegen die nationaljüdische Programmatik der Bewegung, die von einem Großteil derjenigen Juden kam, denen Emanzipation und Assimilation zu gewissen Bürgerrechten und relativem Wohlstand verholfen hatten. Als sich der Widerstand gegen die zionistische nationaljüdische Auffassung zusehends durch die Vorstellung verstärkte, daß sie einen inneren Widerstand gegenüber dem Staat schaffe, in dem man geboren und dessen Bürger man war, berief sich der Zionismus auf eine Vereinbarkeit von jüdischem Nationalbewußtsein und echter Staatsloyalität. Ausgeführt wurde, daß dem Erlebnis der Heimat und der Bindung an Sprache und Kultur des Geburtslandes die natürliche Tatsache des Blutzusammenhanges und das Vorhandensein nationaler Zukunftshoffnungen nicht widersprächen. Der Zionismus nahm den Fehdehandschuh auf und machte sich daran, sich gegen diejenigen Juden zu wenden, die ihr Tun und Lassen auf die Wirkungen abstellten, die sie mitsamt ihrem Judentum bei der Umwelt erzielen könnten. Ein neuer geistiger Prozeß war in Bewegung zu setzen, um die Juden dahin zu führen, daß sie Wert und Würde nicht von fremdem Urteil ableiten, sondern mutig und selbstbewußt ihre Überzeugungen aussprechen und für berechtigte nationale Forderungen einstehen. Unentwegt wurde geltend gemacht, daß nur der Weg über das Judentum die Brücke bilde, die zur wahren Verbindung mit der Umwelt und zu innerer Freiheit und menschlich aufrechter Haltung führe; daß, um ein der jüdischen Sache nützlicher Mensch zu sein, der Jude vor allem ein „guter" Jude sein müsse. Das heißt: Judentum nicht als eine ererbte Krankheit zu empfinden, sondern in den Rang eines freudig bejahten Schicksals zu versetzen.

Wahrlich verschlungen waren die Mühen des Zionismus, Volk, Judentum, althergebrachte Zions-Sehnsucht und messianische Hoffnungen zusammenzuführen, um einen einheitlichen und gemeinsamen geistigen Prozeß ins Leben zu rufen, der sich als jüdischer Geist vermittelbar und integristisch hätte auswirken können. Das aber sollte nicht sein. Nicht nur brachte die gewiß einzigartige und beharrliche zionistische Bewegung sich gegenseitig bekämpfende jüdische Lager hervor, zerriß sie die oft beschworenen, von vielen Seiten und von ihr selbst sehnlichst erwünschten Fäden, die zur Einheit führen sollten, sondern wurde auf ihrem Weg zur „Schaffung einer öffentlich-rechtlichen Heimstätte für das jüdische Volk" und erst recht, nachdem dieses Ziel erreicht war, zum Spielball unfriedlicher Ideologien und tückischer Verleumdungen.

Der Staat Israel

Wie jeder weiß, war es das Zusammenwirken von zionistischer Bewegung, politischen Konstellationen, mörderischen Erfahrungen aus der Hitler-Zeit und Umsicht, Mut und Aufopferungsbereitschaft vieler jüdischer Menschen, die den *Staat Israel* zustande brachten. Dem steinigen Weg, der eine aus tolerierten und nichttolerierten Juden bestehende Menge zu staatsrechtlicher Autonomie führte, haben wir hier nicht nachzugehen. Noch weniger der Innen- und Außenpolitik des Staates und/oder der aus vielen Ursprüngen herrührenden Mentalität seiner Bevölkerung. Auch wollen wir uns nicht von jenen Allgemeinplätzen leiten lassen, die die Errungenschaft „Staat Israel" mit Glaubensträchtigkeit und Mythos schmücken, die von Pioniergeist, kämpferischem oder biblischem Geist sprechen, und diese Zueignungen als spezifisch jüdisch hinstellen, um sie dann glorifizierend dem Gesamt der den Staat Israel bevölkernden Juden zuzuschreiben. Doch unterstellen wir einmal, es ließe sich auf diese Weise ein der Bevölkerung des Staates Israel zu eigen seiender Geist im Real-Erfaßbaren festhalten, dann ist damit dennoch nicht gesagt, daß er sich auch auf den Rest der Judenheit integristisch auswirkt. Indes, auf diese Weise wird argumentiert und ausgeführt, daß der politischen Begriffskonstellation „Staat Israel" geistige Prozesse, Gefühls- und Stimmungswerte inhärent sind, die „Staat Israel" als jüdischen Geist begreifen. „Da

Staat Israel mitsamt seinen Imponderabilien der Euch alle betreffende jüdische Geist ist", so wird ausgerufen, „von dem alles ausgeht und zu dem alles hinführt, übernehmt ihn, stützt ihn, auf daß er zur Einheit der Juden führe." Und wenn in der Tat Juden in der ganzen Welt den Staat Israel materiell und immateriell unterstützen, sich sozusagen um ihn scharen (dabei allerdings nicht notwendigerweise in Anerkennung des Zionismus), dann müssen wir der Frage nachgehen, ob dies die Auswirkungen des Geistes: „Staat Israel" sind. Denn nur an diesen läßt sich ein wie immer gearteter gemeinsamer jüdischer Geist erkennen.

Eine Analyse dieser Auswirkungen in Richtung des immer wieder betonten Real-Erfaßbaren führt logischerweise in die Mitte der Beziehungen zwischen den jüdischen Bevölkerungsgruppen, die vom *Staat-Israel-Geist* durchdrungen sind, also die Israelis, und der Majorität der an vielen Orten der Welt lebenden jüdischen Bevölkerungsgruppen, an die besagter Geist sozusagen herangetragen wird. Es geht bei dem, was wir der Einfachheit halber „Beziehungen" nennen, nicht etwa darum, verständlich zu machen, daß im Gegensatz zu den Zeiten des Aufkommens der zionistischen Bewegung heute ein Jude in seinen guten Sinnen es kaum noch wagen würde, gegen die Existenz „Staat Israel" kämpferisch anzugehen. Es geht darum, die Handhabungen des Staat-Israel-Geistes durch die jüdische Majorität zu erkunden: die Aktionen, die die Brücke zwischen geistigen Prozessen schlagen, um aus dem Staat-Israel-Geist den allumfassenden jüdischen Geist zu machen. Hierzu einige angesichts ihrer Typikalität ausgewählte Beispiele, die so gedrängt wie möglich, ohne Details und ohne Verzierungen vorgelegt werden, im übrigen aber auch ohne eine der Sache wenig dienliche Kritik- oder Bewunderungseuphorie.

Wir werfen den Blick zunächst auf die Vereinigten Staaten von Amerika, in denen mit ca. 5 500 000 mehr Juden leben als im Staat Israel. Dort finden wir drei einflußreiche Organisationen, von denen eine jede mit Bezug auf die Beziehungen zwischen den Juden beider Länder eine spezielle Haltung repräsentiert. *The World Zionist Organization* sieht sich als die Hauptbrücke zwischen den Juden Israels, den Juden Amerikas und den Juden in anderen Ländern. Der geistige Prozeß, der ihrer Haltung unterliegt, ist von der Auffassung getragen, daß ein Jude Staatsbürger jedweden Landes sein kann, jedoch auch eine starke Zuneigung zu Israel bezeugen solle, die er durch finanzielle Beiträge, Sympathie und emotionale Verstrickungen erfüllen kann. Die Absicht und der Versuch dieser Organisation, allein für alle Juden in Amerika zu sprechen, scheiterte an der Gründung und dem Bestehen anderer Organisationen, von der als nächste *The American Jewish Committee* anzuführen ist. Obwohl diese Organisation als nichtzionistisch gilt und eine unabhängige Position zwischen den jüdischen Parteiungen einnimmt, läßt sich ihre Haltung gegenüber Israel als freundlich gesinnt bezeichnen. *The American Council for Judaism* hingegen ist in seiner Haltung ausgesprochen antizionistisch und verficht das Kredo: Gemäß unserer Nationalität sind wir Amerikaner, Juden nur gemäß unserer Religion (was den Council allerdings nicht daran hindert, sich in Israel philanthropisch zu betätigen).

Neben diesen Organisationen gibt es noch zahlreiche Assoziationen, Vereine, Klubs, führende Persönlichkeiten und auch eine Lobby, die die eine oder andere Haltung vertreten. Auch in anderen westlichen Ländern finden sich derartige Zusammenschlüsse, die, selbst wenn sie der zionistischen Idee nicht vollauf zuneigen oder mit der politischen Linie einer israelischen Regierung nicht einverstanden sind, die Existenz des Staates Israel auf die eine oder andere Weise unterstützen.

Kommt es jedoch zu dem, was wir als den *Staat-Israel-Geist* angeführt haben, dann zeigen innerjüdische Kontroversen über diese oder jene Facette dieses Geistes beziehungsweise seine Determinanten eine Einheit im Geiste verneinende Haltung. Im Vordergrund stehen dabei immer wieder zwei, sich manchmal überschneidende Komplexe. Zugespitzt gesagt, geht der eine davon aus, daß kein Jude außerhalb Israel frei, produktiv und glücklich sein kann, ja, so proklamieren besonders orthodoxe Gruppen, daß wer außerhalb des Landes seiner Väter lebt, gottlos sei. Dies aufgefaßt als ein Ruf an die außerhalb Israel lebenden Juden in der Welt, dem Staat-Israel-Geist durch die Tat, die Ansiedlung in Israel zu folgen, wird nicht nur entgegengehalten, daß eine Übersiedlung nach Israel der freien Entscheidung des Einzelnen zu überlassen sei, sondern überdies, daß in einem solchen Ruf eine Einmischung in die Angelegenheiten der außerhalb Israel lebenden Juden gesehen werde, die man zu unterlassen habe. Und da zweifellos hinter diesem Ausruf der von uns bereits diskutierte geistige Prozeß des „Als-Volk-Leben" steht, wird unverhüllt das Recht, den Staat-Israel-Geist zum Geist des jüdischen Volkes zu erheben, in Abrede gestellt. Gewisse Denkweisen und Ausführungen gehen gar so weit, dem Staat-Israel-Geist entgegenzuhalten, man könne nicht als Fremder in einem fremden Land leben, da in ihrem eigenen Land Jude-Sein in Wirklichkeit ein Aspekt ihrer Landeszugehörigkeit sei. Trotz dieser Kontroversen und der dadurch entstandenen Abschwächung seiner dynamischen Kraft, ist dem Staat-Israel-Geist, wenn auch in einer anderen Erscheinungsform, eine gewisse effektive Auswirkung zuzusprechen. Dies ist zu exemplifizieren.

In vielen europäischen Ländern hat die Schreckens-
herrschaft des nationalsozialistischen Regimes das jüdische Gemeindewesen zerschlagen. Während es nach
dem Kriege beispielsweise in den Niederlanden, in
Frankreich und in der Bundesrepublik Deutschland
durch Verbliebene, Rück- und Zuwanderer wiederaufgebaut werden konnte, dämmert es in den soziali-
stischen Ländern durch die beträchtliche Diminution
der jüdischen Bevölkerung oder einen unterdrücken-
den Absolutismus dahin. Heute existieren auch in
denjenigen westeuropäischen Städten und Ländern,
deren Juden der nazistischen „Endlösung" zum Opfer gefallen sind, wieder jüdische Gemeinden, Gottes-
dienste, Zeitungen, Organisationen sowie geistig-reli-
giöse Aktivitäten. Es läßt sich also sagen, daß in den
vom Nationalsozialismus geschändeten Ländern wieder ein autonomes Judentum besteht, sei es, daß es
sich als autonomes französisches, niederländisches,
deutsches usw. Judentum begreift oder als ein autonomes Judentum in Frankreich, den Niederlanden,
Deutschland usw. Nun läßt sich beobachten, daß wo
immer sich jüdische Aktivitäten in Wort oder Schrift
bekunden, ob in Westeuropa, Nord- oder Südamerika, bei wiederaufgebauten oder erhalten gebliebenen
jüdischen Gemeindewesen, Existenz und Förderung
des Staates Israel einbezogen werden, wenn nicht gar
an erster Stelle des Interesses und der Betriebsamkeit
stehen. Die Frage ist, könnte dies eine der Handhabungen des Staat-Israel-Geistes in dem Sinne sein,
daß sich hierdurch auf einen gemeinsamen jüdischen
Geist ausgerichtete Auswirkungen gestalten könnten,
oder haben wir es mit einer Art von „Anhänglichkeit" zu tun, die, diesen Geist nur berührend, keinerlei integristisch wirkende Prozesse hervorzurufen in
der Lage ist?

Um uns hier Klarheit zu verschaffen, ist noch einmal auf den Zionismus, genauer gesagt, auf die dem Zionismus inhärente Ideologie zurückzukommen. Diese Ideologie, dieser geistige Unterbau, dieses Fundament, auf dem die Tatsache genannt „Staat Israel" beruht, ist es, die im Grunde genommen der materiellen und geistigen Unterstützung des Staates Israel ihren generellen Impetus verleiht, wodurch sie nicht nur Stärke, sondern auch ihre moralische Kraft unter Beweis stellt. Aber so wie jede Ideologie, wie jedes gedankliche Mittel zur Fixierung der zwischen Geist und Gesellschaft bestehenden Beziehungen, wirft auch diese Ideologie — wenn man sie wissenssoziologisch klar zu sehen versucht und nicht mit der jeder Ideologie immanenten emotionalen Kraft zu verwechseln wünscht — gewisse Schatten auf die sich ihr nicht unmittelbar unterwerfenden Gesellschaftsgruppen. Zwar weiß ein jeder, daß der Staat Israel nicht in der Lage ist, der gesamten Judenheit als Heimatland zu dienen; dennoch kann er diejenigen schelten, die keinen Gebrauch von der Möglichkeit machen, die durch verbissene Kämpfe geöffneten Tore Israels als seine Heimat zu durchschreiten. Den historischen Umständen entsprechend gilt dieser Vorwurf verständlicherweise in erster Linie denjenigen, die dort ein autonomes Judentum wiederaufgebaut haben, wo es mit Schrecken und Mord vernichtet wurde. Doch auch von denjenigen, die keinerlei antisemitischen Auswüchsen ausgesetzt waren oder sind, wird geistige und materielle Anhänglichkeit an die Ideologie verlangt, und sei es nur mit dem Hintergedanken, daß, wenn sich die Geschichte wiederholen sollte, ein Zufluchtsort bereitstehe.

So ist es nicht der Staat-Israel-Geist, der so manchen Juden in ein geistiges Dilemma geführt hat, das wie Anklage und Schuld auf ihm lastet, sondern die der

Existenz des Staates Israel unterliegende Ideologie. Entweder zwingt sie den Juden, sich durch Spenden aller Art sichtlich zu ihr zu bekennen oder sich von ihr loszukaufen, oder aber sie führt unmittelbar in ein Doppelzugehörigkeitsdilemma, in einen fatalen *Identifikationsvorgang*, indem sich der nichtisraelische Jude so stark mit dem Staat-Israel-Geist identifiziert, daß ihm seine eigenständige Identität verlorengeht. So zerschellen bei allem guten Willen auch beim Staat-Israel-Geist die Hoffnungen, einen geistigen Prozeß zu finden, der es rechtfertigen würde, von einem allen Juden gemeinsamen, mit integristischer Kraft ausgestatteten jüdischen Geist zu sprechen, geschweige denn, ihn als rundum das Jude-Sein begründend herauszustellen.

Sozio-psychologische Faktoren

Identität und Außenseiterposition

Bei der Durchforschung der Manifestationen und Auswirkungen geistiger Prozesse, die einen die gesamte Judenheit durchziehenden, einheitlichen jüdischen Geist präsentieren können, haben wir uns bewußt von *individual-psychologischen* Annäherungsweisen ferngehalten. Unsere Betrachtungsweise mußte sich deshalb stets auf das Gesamt, das Kollektiv Juden, richten, um nicht individuelle jüdische Charakterzüge dem Gesamt zuzuschreiben. So haben wir es auch vermieden, Identitätsbetrachtungen der Art anzustellen, wie sie im Hinblick auf des Juden Selbstbewußtsein oder auf des Juden Identitätssuche ihren modisch gewordenen Ausdruck gefunden haben. Wenig ist uns daran gelegen, das geistige Phänomen der Vorstellung von sich selbst als Einzelfall im Rahmen einer klinischen Individualpsychologie anzugehen. Nicht aber übergangen werden kann die Vorstellung des Gesamts der Juden von sich selbst, zumal (wie im ersten Teil dargelegt) den Juden und ihrem Geist gewisse Identitäten von außen, von der nichtjüdischen Umwelt zugesprochen werden, die ein vom jüdischen Geist geprägtes Bild des Zusammenlebens ergeben. Aber nicht nur die Umwelt glaubt, mit welchen Argumenten auch immer, einen Identitätsgeist bei den Juden zu erkennen, sondern auch jüdische Denker beschwören, sozusagen kollektivpsychologisch, den das Gesamt der Juden betreffenden Geist immer aufs neue herauf. Die diesbezüglich angesprochenen geistigen Einheiten — unumwunden und unüberlegt als jüdischer Geist vorgestellt — stützen sich in erster Linie auf die folgenden Vorstellungsverknüpfungen.

Vordringlich sieht man dabei eine Bezugnahme auf jene von uns bereits diskutierten und nicht als einheitlich im Real-Erfaßbaren gelegenen geistigen Prozesse, die unter den Denominationen Volk, Religionsgemeinschaft, Stammesgruppe oder Schicksalsgemeinschaft auftreten. Vor allem wird durch Gründung und Existenz des Staates Israel ein Volksdasein auf die Identitätsebene versetzt, obwohl sich die Juden der Welt noch längst nicht einheitlich mit einem an den Staat Israel angelehnten Bekenntnis zum jüdischen Volk identifiziert haben. Diesbezügliche Illusionen beiseite lassend, wird davon gesprochen (und auch danach gehandelt), unter den Juden durch „Erziehung" einen dem Volkskonzept ähnlichen geistigen Prozeß dermaßen zu festigen, daß er über zu leistende Unterstützungen an den Staat Israel hinausgeht und sich umfassend als mit dynamischer und integristischer Kraft versehener jüdischer Geist manifestiert.

Ein weiterer Inbegriff, auf den sich ein vermeintlicher Identitätsgeist stützend beruft, ist der „ungebrochene

Glaube". Mit ihm wird nicht die geistige Angehörigkeit zu Religion angesprochen, sondern eine auf Wahrheitssuche beruhende Trotzhaltung. Jedesmal, wenn um des Glaubens willen Juden einem schweren Leiden, einem Martyrium gegenüberstehen, überkommt sie Zweifel an der göttlichen Gerechtigkeit. Es sind dies jene an den Himmlischen Vater gerichteten gläubig-trotzigen Rufe, wie sie am vollständigsten, edelsten und eindrucksvollsten in dem Ausruf des Juden Christus: „Mein Gott, mein Gott, warum hast du mich verlassen?" (Mt 27,46) eingebettet sind. Doch nicht nur das auferlegte Martyrium — wie die Verfolgungen und Austreibungen der Juden im Mittelalter bis hin zur Vernichtung von sechs Millionen Juden in unserem Jahrhundert — wird angesprochen, sondern überdies auch die in der Ungebrochenheit des Glaubens gelegene Suche nach ihrer Wahrheit, kurz: die Gewißheit der Erlösung. Wird diese Vorstellungsverknüpfung auf die Ebene eines Identitätsverständnisses gestellt, dann spaltet sich das trotzige „Ich glaube, ich glaube, ich glaube" auf. Entweder wird es zum selbsterleuchteten Individualbekenntnis und lautet: „Ich bin Jude, weil an jedem Ort, wo ein Schmerz blutet, der Jude blutet", oder verliert sich in einen zur Selbstentschuldigung hochstilisierten Fatalismus, der lautet: „Aus dem Judentum kommt man nicht heraus." In beiden Fällen bleibt das Entstehen eines kollektiv gestalteten Identitätsgeistes in der Schwebe.

Schließlich wissen wir, daß die Neigung oder die Gabe des Menschen, sich selbst oder andere mit einer Gruppe zu identifizieren, um die Bestätigung höherer Werte zu erfahren, auch dazu führen kann, das Gegenteil zu erfahren, indem er mit einer als sozial-minderwertig erachteten Gruppe identifiziert wird. Damit sprechen wir einen weiteren, als Stütze für einen Identitätsgeist denkbaren Inbegriff an, nämlich die *Außen-seiterposition* einer jeden Minderheit und so auch der jüdischen. Hiermit berühren wir nicht etwa Überlegungen der Sozialpsychologie über Ursprünge, soziokulturelle Funktionen oder Sozialwirkungen der jüdischen Minderheit, sondern die Folgen der Erkenntnisse der Minoritätenforschung, nach denen jeder Minderheitenstatus beschwerlich, bedrückend, bedrohlich, ärgerlich und gewiß störend ist. Um sich ihm zu entziehen, d. h., um der Minderheiten-Identität zu entgehen, wurde und wird von vielen Juden die totale Assimilation, das Aufgehen in der Majorität, kurz, eine neue Identität gesucht. Jedoch gibt es auch eine Vielzahl von Juden, die durchaus bereit ist, ihre Minderheitenposition zu akzeptieren. Sie nehmen diese Position nicht aus Stolz auf Tradition und Erbe oder aus Glaube an eine ihnen zukommende Mission ein, sondern weil Billigung der Minderheitenposition müheloser und schmerzloser ihren Identitätsgeist beruhigt, selbst wenn er zum Dilemma einer Doppelidentität führt, die sich möglicherweise mit niedrigeren Werten zufrieden geben muß — selbst angesichts der tragischen Erfahrungen, die diejenigen machen mußten, denen das Vertrauen in Emanzipation und Assimilation das Leben gekostet hat.

Wir würden uns dem Vorwurf mangelnder Objektivität aussetzen, würden wir die angeführten dem Identitätsgeschehen unterliegenden Stützen auf den Ebenen von Prüfungen, Zwangslagen, Widerständen, Sünden, vor allem aber auf denen der metaphysischen Kontemplation belassen. Die Erkenntnis der Realität, mag sie noch so bitter sein, verlangt festzuhalten, daß die Begründungen für aus dem Identitätsverlangen hervorgegangene Haltungen — deren man sich im Grunde schämt, da man Volk, Glaube und Gruppe verlassen hat — nachträglich meist als vernünftig oder doch vernunftsmäßig und moralisch vertretbar erkannt werden. Mit anderen Worten: es bleibt ein sinnloses Unterfangen, Identitätsvorgänge in den Wolken von Idealvorstellungen zu belassen. Sie sind als das anzugehen, was sie in der Wirklichkeit des Alltags sind: *zweckrationales Handeln*. Zweckrational aber handelt, „wer sein Handeln nach Zweck, Mitteln und Nebenfolgen orientiert und dabei sowohl die Mittel gegen die Zwecke, wie die Zwecke gegen die Nebenfolgen, wie endlich auch die verschiedenen möglichen Zwecke gegeneinander rational *abwägt:* also jedenfalls *weder* affektuell (und insbesondere nicht emotional) *noch* traditional handelt". Folgt man dieser von *Max Weber* niedergeschriebenen, unbestreitbar gültigen Erläuterung (in: Wirtschaft und Gesellschaft, Bd. I, S. 18) und sieht in ihrem Licht die Identitätsvorgänge, wie sie vom Suchen bis zum Finden von Identitäten reichen, erhellt sich eindeutig, daß wir es hierbei nicht mit etwas zu tun haben, das als spezifisch jüdisch angesehen werden kann. Dementsprechend indiziert das von Juden als zweckrationales Handeln gehandhabte Identitätsgeschehen auch keinen spezifisch jüdischen Geist, noch unterliegt ihm ein solcher. Es kann dies gar nicht deutlich genug unterstrichen werden, zumal gerade bei der Behandlung des Themas „jüdische Identität" oft Argumente aufkommen, die die gesamte Problematik auf den Kopf stellen: Statt das zweckrationale Handeln auf seinen Geist hin zu durchleuchten, wird Ereignissen und Motiven im Leben von Juden nachgegangen, die zum zweckrationalen Handeln geführt haben. Das aber ist eine völlig andere Frage.

Nach Abhandlung verschiedener, den jüdischen Geist in Bewegung setzender, geistiger Prozesse liegt die Versuchung nahe, sie einer Synthese entgegenzuführen. Dem steht jedoch unsere Betrachtungsweise entgegen, die sich nicht jener weitaus einfacheren und daher auch häufig benutzten Methode bedient, Geistigkeiten in den Kategorien Universalität und Absolutheit frei schwebend sich bewegen zu lassen. Vor allem jedoch die Tatsache, daß sich die den Juden zugeschriebenen oder von ihnen entwickelten Prozesse nur als (erloschene oder noch bestehende) Teilaspekte erwiesen haben und somit einer integristischen Kraft entbehren, die den auf das Gesamt der Juden ausgerichteten jüdischen Geist hätten verdeutlichen können. Denn es ist festzuhalten, daß sich weder geistige Prozesse ergründen ließen, die einheitlich und integristisch jüdische Sittengesetze, Lebensgewohnheiten und religiöse Gebräuche umfassen, noch solche, die soziale, kulturelle und/oder politische Verrichtungen bestimmen, noch solche, die sich als gemeinsame Linie in der Reaktion auf Judenfeindschaft, Judenhaß, Antisemitismus und Außenseiterschaft erkennen lassen. Wohl ließ sich begreifen, daß je nach ihrer Einbettung in geschichtliche Perioden sowie in Landesgrenzen sich in den diversen geistigen Prozessen Merkmale widerspiegeln, die, so gegensätzlich sie auch sein mögen, jüdischer Geistesverfassung als inhärent zugesprochen werden. Sie reichen von schäbigem Geiz bis zu ostentativem Aufwand, von übertriebenem Individualismus bis zum Wohlgefallen an kulturellen und sozialen Angelegenheiten und nicht zuletzt bis zu Spitzfindigkeit, Unterwürfigkeit, übertriebener Demut, Arroganz, Starrsinn und ähnlichem mehr. Daß derlei „Merkmale" keinem spezifisch jüdischen Geist zu eigen sind, sondern von gleich welchem Geist getragen sein können und daher gleich welche menschlichen Wesen berühren, muß nicht besonders betont werden.

Aus makrosoziologischer Sicht bleibt zu fragen, ob die geistigen Prozesse und der sich in ihnen widerspiegelnde jüdische Geist möglicherweise vom Stigma der Entwurzelung und Desorientierung geprägt sind; ob ihre Eigenständigkeit in der sozialen und kulturellen Struktur und Hierarchie gut untergebracht ist; oder ob ihre Einverleibung sie nicht nur abgeschwächt, sondern überdies derart verwandelt hat, daß sich geradezu von einem „Ausverkauf" des jüdischen Geistes sprechen ließe. Ein solcher Gedankengang ist bei weitem nicht so abwegig, wie er auf den ersten Blick erscheinen mag, vor allem, wenn wir uns die vielfältigen, in unterschiedliche Richtungen verlaufenden geistigen Prozesse und ihre Auswirkungen ins Gedächtnis zurückrufen — dabei aber nicht übersehen, wie sehr sich Aggregate von Juden hier oder dort an sie geklammert haben. Sie haben sie nicht nur im Interesse ihrer materiellen Existenz gepflegt und gehegt, sondern auch um der in ihnen enthaltenen moralisch-geistigen Stärke willen, von der sie erhofften, daß sie zur Basis eines als wünschenswert und notwendig erachteten Integrismus werde.

In der Tat schwebt über allen von uns abgehandelten Prozessen ein Ringen um die Hervorrufung und/oder Aufrechterhaltung geistiger Prozesse, die einen jüdischen Geist derart prägen könnten, daß er in seiner Einzigartigkeit und Spezifität desintegristischen Auswirkungen zumindest widerstehe. Abgesehen von vergangenheitsträchtigen Trauerbekundungen und messianischen Zukunftserwartungen, liegt über allem Bemühen ein aus Existenznöten hervorgegangener Schatten, der die integristische Kraft der aufgezeigten geistigen Prozesse in einer Weise berührt hat, so daß sie selbst und ihre Auswirkungen sich nicht in gemeinsamer Einheitlichkeit haben manifestieren können. Dieser Schatten ist Angst. Wohlgemerkt, hiermit ist ein Zustand gemeint und nicht ein Auslöser für Aktionen. Grund genug, um, ohne ins Metaphysische zu verfallen, von einem „Schatten" zu sprechen. Es ist dieser aus konkret-materiellen bitteren und glücklichen Erfahrungen wie auch aus Gemütsverfassungen hervorgegangene *Zustand der Angst,* der als Unbehagen, Beklemmung, Qual, Pein, Unlust, Trübsal, Besorgnis oder Gram wie eine Ideologie der Verzweiflung und Hoffnungslosigkeit die vielen auf einen das Gesamt der Juden erfassenden Geist hinführenden geistigen Prozesse durchlöchert und entleert, wesenlos und unbestimmt gemacht hat. Immer wieder galt es zu erkennen, daß bei den Bemühungen um die Herausbildung eines integristisch sich auswirkenden und bewährenden jüdischen Geistes das Kollektiv „Juden" durch das Ereignis „Geschichte" überholt wurde. Sobald im Kollektiv geistige Prozesse Gestalt annahmen, um die geschichtliche Verwirrung vor dem Unendlichen des Möglichen zu klären, stießen sie auf einen undurchdringlichen Panzer: den lähmenden Zustand der Angst, dessen stete Präsenz selbst die bescheidenste denkerische und/oder reale, auf eine Befreiung von der historischen Vergangenheit ausgerichtete Kleinarbeit mit Ungewißheit belastete. Der Lauf der Geschichte hatte die Juden in einem Maße das Fürchten gelehrt, daß selbst dort, wo wie im Spanien des 11. und 13. Jahrhunderts oder heute in Israel sich jüdische Geistigkeit prozessual auswirken konnte bzw. kann, sich der Niederschlag eines seit Jahrhunderten an- und abschwellenden Zustands der Angst im konkreten Fürchten findet.

Es liegt auf der Hand, daß in diesem Zusammenhang von Judenverfolgungen, latentem und offenem Antisemitismus, antijüdischem Antizionismus und Rechtsextremismus zu sprechen ist. Doch handelt es sich hierbei um Bestehen und Folgen sozialer Vorurteile, die, so bedauerlich und verwerflich sie sind, nicht in dem Maße zur Analyse der Existenz eines als integristisch erkennbaren gemeinsamen jüdischen Geistes berücksichtigt werden können, wie es die Annäherung an die vorliegende Problematik verlangt. Sicherlich läßt sich sagen, daß sich ein aus Angstzuständen hervorgegangenes konkretes Fürchten zeigt, wenn sich in der Sowjetunion hochgestellte Juden zur Schaffung eines „antizionistischen Komitees der sowjetischen Öffentlichkeit" hergeben; wenn von seiten der 1938 noch 2000 Menschen umfassenden, heute nur noch siebzig Seelen zählenden jüdischen Gemeinde in Graz gebeten wird, Augenzeugenberichte aus der mörderischen Zeit des Nationalsozialismus nicht publik zu machen; wenn auf jüdischen Friedhöfen Grabmäler geschändet werden und Vertreter jüdischer Gemeinden solche gemeinen Taten als Dumme-Jungens-Streiche heruntersrielen; wenn jüdische Wissenschaftler in gleisnerischer Verdrehung seiner Herkunft und Erscheinungsformen dem Antisemitismus eine „Alarmfunktion" für die Gesamtgesellschaft zusprechen. Doch es geht nicht um das Vorkommen von Begleitumständen sozialer Übel, sondern um das Übel selbst; nicht um die kleine Angst, die vor der großen Angst Angst hat. Es geht darum, die sich aus „kleinen Ängsten" zusammensetzende und zu einem Zustand gewordene „große Angst" aus einer Perspektive zu sehen, die zu einem geistigen Prozeß geführt hat, der als jüdischer Geist die gesamte Judenheit durchzieht. Dem ist allein schon deshalb nicht so, weil Ängste als Zustand zwar *Auslöser* geistiger Prozesse sein können, nicht aber selbst solche sind. Hinzu kommt, daß dieser mit bitteren Anklagen oder Selbstmitleid begleitete Zustand sich in seiner Zurschaustellung in so vielen Varianten und Stärkegraden zeigt, daß es ihm an dem für die Erkenntnis eines jüdischen Geistes grundlegenden Aspekt der Gesamtheit mangelt.

Obwohl wir uns von vornherein darüber im klaren waren, daß wir uns mit der Behandlung der Gegebenheit Angst in einen Engpaß begeben, mußte doch darüber gesprochen werden. Einmal, weil im Laufe der Geschichte der Juden die Berufung auf Angst als einer Haltung gegenüber dem Weltlichen wie dem Übersinnlichen nicht nur die Entwicklung geistiger Prozesse mit lähmendem Pessimismus bekleidet haben, sondern überdies, weil sie die ausgreifende Militanz jüdischer Bevölkerungsgruppen mehr als einmal ihrer Schlagkraft beraubt und in die Enge desintegristischen Verhaltens getrieben hat. Zum anderen, wenn auch bewußt ohne Bezugnahme auf Einsichten der Psychoanalyse (für die Angst bekanntlich ein Lieblingsthema ist), mußte Angst behandelt werden, weil das Moment der Ängstlichkeit mit Abwandlungen wie Feigheit, Unterwürfigkeit, Kriecherei von uninformierten und übelwollenden Teilen der nichtjüdischen Umwelt oft mit der Begründung als Rechtfertigung für Unbill und Untaten angeführt wird, man wende sich damit gegen ein den Menschen schädliches, typisches Signum des jüdischen Geistes.

Kollektivgedächtnis und Geschichte

Alle von uns abgehandelten geistigen Prozesse wurden mit und unter Bezugnahme auf ein Gesamt betrachtet, das, als *die Juden* bezeichnet, die Züge eines Kollektivs aufweist. Es war uns also nie darum getan, Erkenntnisgrundlagen für Manifestationen zu finden, die *den* Juden betreffen, da individuelle Geistigkeiten nicht integristische Kräfte der Einheitlichkeit besitzen. So wurde immer wieder betont, daß ein geistiger Prozeß als sozial begründet anzusehen und von daher auch nur real erfaßbar ist. Ansonsten wären wir dem oft begangenen Fehler zum Opfer gefallen, eine sich als Kollektiv zeigende Gesellschaft weniger für den Menschen als den Menschen für die sich als Kollektiv zeigende Gesellschaft auszuweisen.

Unter diesem Gesichtspunkt erhob sich die Frage: Womit, wodurch und mit welcher integristischen Kraft wandte sich der jeweils behandelte geistige Prozeß an das Kollektiv? Und wenn die bisherige Analyse gezeigt hat, daß sich keiner der abgehandelten geistigen Prozesse in einer Weise entwickelt hat, daß er sich als ein alles beherrschender jüdischer Geist eindeutig erkennen läßt, muß ihm als nur ein Partikel besagten Geistes die Determinante des Alles-Durchdringenden abgesprochen werden. Vordringlich waren es historische Entwicklungen, die es dem Gesamt der Juden unmöglich machten, zumindest Teile der diversen geistigen Prozesse in ihren Geist dergestalt aufzunehmen, daß sie sich als integristisch und öffentlich vermittelbar erweisen konnten.

Wenn aber dennoch von einem gleichermaßen alle Juden betreffenden Geist gesprochen wird, dann muß doch wohl im Rahmen des das jüdische Kollektiv berührenden geschichtlichen Geschehens ein neuralgischer Punkt vorhanden sein, der fähig ist, selektiv oder wahllos, apathisch oder teilnahmsvoll, überlebende geistige Ingredienzen in einer Weise in sich aufzunehmen, festzuhalten, nach innen wie nach außen vermittelbar zu machen, daß sie zur Identitätsbestimmung werden. In der Terminologie der Begriffssysteme moderner Wissenschaften sowie in der heutigen Umgangssprache wäre es nicht abwegig, hier von einem Element gemeinsamer Bewußtseinsbildung zu sprechen, das zu einem allen Juden gemeinsamen *Bewußtsein* als dem gesuchten neuralgischen Punkt führt. In der Tat zielen nicht erst seit den Tagen, in denen wir von einer selbstsicheren Psychologie mit dem Begriff „Bewußtsein" konfrontiert wurden, die Appelle zur Herstellung und Aufrechterhaltung der Gemeinsamkeiten eines jüdischen Lebens wie eines jüdischen Geistes auf diese Gesamtheit der sinnlichen und rationalen Widerspiegelungsformen der menschlichen Emotionen und des Willens, d. h. der gesamten psychischen Tätigkeit des Menschen hin. In der jüdischen (wie in der nichtjüdischen) Welt werden bei jeder Gelegenheit mit deutlichen Worten Bewußtsein, Bewußtseinswiderspiegelung, Bewußtseinsveränderung und andere Bewußtseinskonstellationen herangezogen, wenn es darum geht, geistigen Prozessen zu Eindringlichkeit und Dauerhaftigkeit zu verhelfen.

Gerade wenn es um die viel diskutierte Identität der Juden geht, wird darauf bestanden, daß sie sich ihres Jude-Seins, ihrer Religion, ihres Judentums, ihres Glaubens, ihrer Identität, ihrer Kultur, ihres Minderheitenstatus, ihrer göttlichen Sache, ihrer Volkseigenschaft, ihrer Traditionen und ihrer Gesetzestreue „bewußt" sein müssen, damit sie nicht die geistigen Werte ihrer Einzigartigkeit und damit ihrer Existenz inmitten der nichtjüdischen Gesellschaften vergehen lassen. Damit werden offensichtlich zwar die von uns angesprochenen geistigen Prozesse berührt, jedoch nicht integristische Kräfte, die ihnen jene Stabilität zu verleihen imstande wären, die zu einem alle Juden umfassenden und von ihnen ausgehenden jüdischen Geist führen könnten. So mußten diese durchaus verständlichen und lobenswerten Bemühungen immer wieder scheitern, und zwar nicht nur an der Variabilität und Undurchsichtigkeit von Bewußtseinskonstellationen, sondern vor allem, weil durch den Verlaß auf diese oder jene geistigen Prozesse dem einzelnen Juden weder das *Ganze* des jüdischen Kollektivs zugänglich gemacht wird, noch die gesamtgesellschaftliche Einfügung seiner eigenen Interessenlage, noch, was besonders wesentlich ist, die historischen Fakten der Entstehung und Lösung seiner Daseinsprobleme.

Gleich, durch welche der unterschiedlich getönten Brillen der Bewußtseinslehre unsere Aussage gesehen wird, erklärt ist zum Ausdruck zu bringen, daß jeder der angeführten geistigen Prozesse nicht nur im Zusammenhang mit der geschichtlichen Vergangenheit steht und aus ihr hervorgegangen ist, sondern sich auch immer wieder auf sie bezieht. Das deutet weniger auf ein Bewußtsein als auf eine *Bewußtheit* hin, über die sich dem Gedächtnis des Juden Erlebnisse, Situationen, Zustände, Verhaltensmodi, Aktionen und Umstände vergangener Zeiten eingeprägt haben. Damit kommen wir auf eine Bewußtseinslage zurück, bei der das Gedächtnis seine Rolle als unentbehrliches funktionales Element des menschlichen Handelns und Denkens spielt. Die Fähigkeit von Individuen und Kollektiven, Informationen über vergangene, in die Geschichte eingegangene Ereignisse mehr oder minder lange aufzubewahren, so daß hierdurch geistige Haltungen als auch aktuelles Verhalten beeinflußt werden, hat sich geradezu als elementar erwiesen; so auch die Fähigkeit des Individual- und Kollektivgedächtnisses, gewisse Gattungen von Informationen zurückzuhalten oder abzuwerfen.

Dieser Vorgang läßt sich leicht an dem exemplifizieren, was wir das „Holocaust-Syndrom" nennen und für Juden wie Nichtjuden unter der Überschrift „Aufarbeitung der Vergangenheit" steht. Warner und Aufklärer nehmen das grauenerweckende Panorama des Holocaust zum Anlaß, um einerseits auszurufen: „So etwas darf nie wieder geschehen", andererseits: „Sehet, das waren eure Väter." Miteinander verbunden und mit Argumenten versehen, werden die beiden Redefiguren als Vergangenheitsaufarbeitung und Bereinigung einer geschichtlichen Bewußtseinslage dargetan. Die Frage, die sich in diesem Zusammenhang für die Geschichtlichkeit des jüdischen Geistes erhebt, ist, ob sich das Historische, also eine Vergangenheit mit oder ohne notorische Grausamkeiten und Leidenserfahrungen, überhaupt „aufarbeiten", das heißt aus dem Gedächtnis verbannen läßt.

Sicherlich stehen der Gesellschaft so manche Mittel zur Verfügung, das Vergangene durch Schweigen, Verfälschung, Unterdrückung usw. in Vergessenheit geraten zu lassen; vergessen zu lassen, was Kreuzzüge und Inquisition an unmenschlichen Missetaten hervorgebracht haben. Dennoch bleiben sie als historische Tatsachen bestehen und wirken als solche weiter. Sie entfalten eine solch dynamische Wucht, daß sie sich unweigerlich dem *Kollektivgedächtnis* einverleiben. Denn wenn sich auch (wie der Soziologe Maurice Halbwachs in seiner Abhandlung „Das kollektive Gedächtnis", Stuttgart 1967, zuerst Paris 1950, überzeugend hat nachweisen können) das Individualgedächtnis historischer, ihm widerstrebender Einzelheiten oder gar Gesamtlinien entledigen kann, beispielsweise sich von persönlichen Ressentiments zu befreien, dem Kollektivgedächtnis ist dies nicht gegeben. Denn was fortbesteht, „sind nicht fertige Bilder in irgendeinem unterirdischen Schacht unseres Denkens, sondern innerhalb der Gesellschaft all jene Anhaltspunkte, die notwendig sind, um bestimmte Teile unserer Vergangenheit zu rekonstruieren, die wir uns in unvollständiger und unklarer Weise vergegenwärtigen oder die wir sogar völlig aus unserem Gedächtnis entschwunden glauben" (S. 62/63). Da jedes kollektive Gedächtnis eine zeitlich und räumlich begrenzte Gruppe zum Träger hat und die Gruppe allmählich ihre Aufmerksamkeit nur auf jene Teile ihrer selbst richtet, die früher in den Hintergrund traten, besitzen die Juden ein ihnen eigenes, nur sie betreffendes Gedächtnis. Die Frage, wodurch es im einzelnen zustande gekommen ist — durch Propaganda, Geschichte, Ereignisse oder Manipulationen, schnell oder langsam, selbständig oder aufgezwungen —, also die Frage seiner Voraussetzungen, bleibt dem Einzelfall überlassen. Die Anonymität sowie die an das Historische gebundene Standfestigkeit des Kollektivgedächtnisses unterstützen die Fähigkeit, sowohl das gute wie das böse Geschehen festzuhalten und zu bewahren: Während es *in* der Gesellschaft seinen Niederschlag findet, schwebt es wie ein Geist *über* der Gesellschaft. So erklären sich historisch-theologische Verklärungen, die, um nur ein Beispiel anzuführen, im Propheten Elias das „Gedächtnis des jüdischen Volkes" sehen, der jedes tragische Ereignis, jedes Massaker, jedes Pogrom, jede Todesangst, jede Träne registriert und nichts in Vergessenheit geraten läßt.

Die unabdingbare Interrelation zwischen dem geschichtlichen Geschehen und dem Kollektivgedächtnis läßt erkennen, daß es weder ein Irrationales noch eine

Verdrängungsinstanz, sondern ein durchaus Rationales ist. Es berührt durch und mit den geistigen Prozessen die Existenz des Kollektivs. Insofern tut sich eine doppelte Verbindung auf, als auch die geistigen Prozesse sich stets als historisch gebunden gezeigt haben. Das heißt, daß wir sowohl beim Kollektivgedächtnis als auch bei den geistigen Prozessen, soweit sie sich real erfaßbar präsentieren, im Angesicht der Geschichte des Kollektivs stehen, was gewiß unterschiedliche Interpretationen hervorgebracht hat, von denen hier einige, die mit jüdischem Geist in Bezug stehen, anzuführen sind. Während die einen das in Kollektivgedächtnis und geistige Prozesse eingegangene geschichtliche Geschehen als den jüdischen Geist der Geschichtsträchtigkeit zu erkennen glauben, sehen andere darin den jüdischen Geist der Frömmigkeit, die die Aufgabe der Bewahrung ewig gültiger jüdisch-religiöser Grundsätze und Verhaltensnormen versorgt. Wieder eine andere Interpretation sieht im jüdischen Geist ein Geschichtliches, das sich auf mehr oder weniger streng gestaltete ökonomische, soziale, psychologische und regionale Lebensbedingungen bezieht, oder reduziert es zur „Geschichtlichkeit der Geschichte", um bei einer Transzendenz zu enden, nach der jüdischer Geist Gottes Geschichte ist. Wie auch die Interpretationen lauten mögen, sie verweisen über das Geschichtliche auf ein Kollektivgedächtnis, welches geistige Prozesse mitsamt der sie begleitenden oder hervorrufenden historischen Komplexe Stück für Stück in sich aufgenommen und dort verarbeitet hat.

Jüdischer Geist — Prozeß der Bewährung

Die immanente Verbindung zwischen dem Geschichtlichen, den geistigen Prozessen und dem Kollektivgedächtnis hergestellt, bleibt zu fragen, ob sich in diesem Rahmen ein zentrales Moment erkennen läßt, das aus der Geschichte der Juden hervorgehend, sich geistig niedergeschlagen hat. Wenn wir zu diesem Zweck noch einmal die abgehandelten Prozesse an uns vorüberziehen lassen, uns ihres Entstehens, Bestehens und Vergehens, ihrer Schwächen und Stärken erinnern und dabei die Entwicklung in der historischen Zeit nicht außer acht lassen, tritt eine Vielzahl derjenigen leidigen geschichtlichen Ereignisse und Situationen nach vorne, die hinter den Prozessen gestanden haben oder noch stehen. So kommen uns denn auch keine der zahllosen, aus alten oder neuen Zeiten herrührenden Teil- oder Gesamtdarstellungen der Geschichte der Juden entgegen — ob von Juden oder Nichtjuden verfaßt, ob politisch, sozial, wirtschaftlich, religiös oder kulturell ausgerichtet —, die es versäumen, unzählige Ereignisse, Situationen und Umstände vorzubringen, die von *Leiden* getragen sind. Vom babylonischen Exil bis zum Untergang Jerusalems; von der Entzweiung von Judentum und Christentum bis zur Vertreibung aus Spanien; von der Epoche des Humanismus und der Reformation bis zur emanzipatorischen Aufklärung und darüber hinaus bis in unsere Tage dringt „Leiden" wie ein prägender Lebenszuschnitt durch die Seiten der jüdischen Geschichtsschreibung. Selbst die heiligen Schriften, das Alte Testament, die Propheten, die Könige, sind von Leidensgeschichten durchzogen, auch wenn sie von den Juden selbst verursacht wurden. Überhaupt sollte nie übersehen werden, daß die von den Juden erfahrenen Leiden, ob physischer, existentieller oder geistiger Art, oft einem Eigenverschulden entsprangen, und ebenfalls nicht, daß die Geschichte der Juden auch Perioden leidlosen Wohlergehens aufzuzeigen weiß. Es ist dies zu unterstreichen, um nicht Tendenzen das Wort zu reden, welche entweder die die Geschichte der Juden durchziehenden Leidensmomente und -aspekte als eine von Gott auferlegte Strafe vorstellen oder sie als die Leiden der Menschheit insgesamt ansehen, oder sie zu einer in negativer wie in positiver Richtung exploitierbaren Mitleids- und Verzweiflungskonstellation umgestalten.

Wenn die Leidensmomente im Gegensatz zu anderen Darstellungen von uns nie zur ursächlichen Motivation der einzelnen Prozesse erhoben wurden, so geschah dies einmal, um die ihnen innewohnende Wesensart nicht zu verdecken oder zu verfälschen, andererseits, um nicht in eine Bestandsaufnahme der von gewaltigen Wanderbewegungen bis zu Genozid reichenden Leidenserscheinungen der Juden zu verfallen. Für die Ausrichtung unserer Überlegungen (die nicht zu unterschätzenden Leidenserscheinungen als erwiesen hinnehmend) ist es nicht das im Begriff „Leiden" verallgemeinerte und unter ihn subsumierte Geschehen als solches, das unser besonderes Interesse hat, sondern die *Beharrlichkeit* des wie immer gearteten Leidens. Ist es doch diese Beharrlichkeit, die die Leiden der Juden über ihre geschichtliche Faktizität hinaus zur Geschichte selbst, zu einer Geschichte des Leidens hat werden lassen. Wohlgemerkt: nicht zu einer ungebundenen, im geistesgeschichtlichen Raum frei schwebenden Geschichte, sondern zu einer solchen, die ihre Realitäten in der Geschichte der Juden findet, was berechtigt, von einer *Geschichte der Juden als einer Geschichte des Leidens* zu sprechen. Diese Realitäten, denen wir als dem Real-Erfaßbaren nachgegangen sind, stehen unmittelbar als Geschichte einer Geschichte vor uns.

Bleibt zu diskutieren, ob der Geschichte der Juden als einer Geschichte des Leidens integristische Kraft und Dynamik zuzuschreiben ist, so daß sich hieran ein jüdischer Geist erkennen läßt, der, wenn er allumfassend sein soll, das heißt das Kollektiv Juden erfaßt, nur im Kollektivgedächtnis verfestigt sein kann. Wenn hierzu unter anderem gesagt wird, es sei die von der Gemeinsamkeit des Unglücks herrührende Solidarität der Juden oder eine andauernde Angst um die Existenz, die jüdischen Geist ausmachen, dann widerspricht dies der Realität insofern, als derlei Gegebenheiten nicht das Gesamt, nicht alle Juden in ihrem Handeln und Denken betreffen. Wohl aber berührt die Geschichte des Leidens einen jeden Juden, und zwar angesichts seines Jude-Seins. Entweder erfährt er sie an sich selbst, erkennt sie an seinen Glaubensgenossen, an seiner sozialen und kulturellen Position oder weiß von ihnen durch Überlieferung, Erwähnung in den jüdischen Gebeten, Inhalte des Religionsunterrichts und vordringlich durch Berichte über Vertreibungen, Auswanderung, Diskriminierung, Massenmorde und Auswüchse antisemitischer Aktivitäten. Nicht ein oft beschworenes Geschichtsbewußtsein führt diese Erkenntnisse an, sondern das Kollektivgedächtnis, das sich die Geschichte des Leidens als Geschichte des Kollektivs zu eigen gemacht und in sich eingegraben hat. Unentwegt projiziert es die historische Vergangenheit auf die Gegenwart und eine hoffnungsfreudige Zukunft, immer wieder berührt es das Jude-Sein. Es prägt die Determinanten einer Schicksalsgemeinschaft, *mit der der Einzelne selbst dann verbunden ist, wenn er nie zu leiden oder sie verlassen hatte, sich von ihr abgesondert hat oder sie als Agnostiker oder Renegat verneint oder bekämpft: Die Geschichte des Leidens liegt auf den Schultern eines jeden Juden.*

Dabei spielt es keine Rolle, ob er sich des Jude-Seins bewußt ist, sich dazu bekennt oder nicht, es empfindet oder ablehnt, es hervorhebt oder verheimlicht, dafür einsteht oder dagegen angeht, es ihm bedeutungsvoll oder gleichgültig ist — irgendwann, irgendwo und irgendwie kommt ihm aus der im Kollektivgedächtnis verankerten Geschichte der Juden als Geschichte des Leidens ein das geschichtliche Jude-Sein betreffendes Moment entgegen: aus seinem Innern, aus dem Munde oder dem Verhalten anderer Juden oder durch die nichtjüdische Umwelt. Und weil dem so ist, wofür sich Aberhunderte von Beispielen anführen ließen, *erzwingt* diese „Geschichte der Geschichte" einen Integrismus, der nicht auf Gegebenheiten wie Hilfsbereitschaft, Zusammenhalt oder Mitleid beruht, sondern allenfalls an sie appelliert. Hier wird man uns entgegenhalten, daß doch wohl auch dieser Kohärenzfaktor an Kraft verloren haben muß, wenn anhand von Untersuchungen aufgezeigt wird, daß sich zum Beispiel bei der jüdischen Bevölkerung in den Vereinigten Staaten von Amerika ein „Zerfall traditioneller Strukturen der Diasporagemeinschaft" erkennen läßt, der zu einer spürbaren Ausdünnung ethisch-kultureller Gemeinschaftshaltungen geführt habe: durch Mischehen, Taufen, Mobilität, Technologie usw. Aber es kommen uns auch Untersuchungen entgegen, bei denen auf die Frage, gegen was sich eigentlich Judenfeindschaft richte, ob gegen ihre soziale Stellung, ihre wirtschaftliche Position, ihre Religion usw., die überwiegende Anzahl der Antworten lautet: gegen die „Juden" beziehungsweise das „Judentum".

Die Ausführungen über Bestehen und Bedeutung des Kollektivgedächtnisses, in dem sich ein den verschiedenen geistigen Prozessen zugrunde liegender, der Geschichte der Juden entnommener *Erfahrungsschatz* im Fixpunkt „Leiden" zusammengeführt zeigt, lassen zweierlei erkennen: Erstens, daß wenn im Leben des jüdischen Kollektivs, jüdischer Aggregate oder jüdischer Gruppen ein kraftvolles und dynamisches integristisches Element nach vorne tritt, es nicht das Leiden „als solches" ist, welches das Kollektivgedächtnis umfaßt und ausstrahlt, sondern diesbezügliche geistig-historische Faktoren. Und zweitens, wenn der Einzelne, wie er auch zum Jude-Sein stehen mag, von ihm berührt wird und dann an das Kollektivgedächtnis appelliert oder von ihm bedrängt wird, es gleichfalls nicht das Leiden „als solches" ist, sondern der Zusammenhang diesbezüglicher geistig-historischer Fakten, die sich kundtun. Es bedarf keineswegs denkerischer Volten, um zu erkennen, daß dementsprechend sich nicht Leiden als geistiger Prozeß vorstellt, sondern Geschichte. Hier, in der *Geschichte des Leidens* als *Geschichte der Juden* sehen wir einen geistigen Prozeß, ein Zusammenwirken physischer und moralischer Faktoren, der jenem esprit général zugrunde liegt, der, jüdischer Geist benannt, im Bilde seiner Auswirkungen real erfaßbar wird. Geschichte als geistiger Prozeß, so muß noch hinzugefügt werden, um uns nicht in einen Disput über Geschichtsauffassungen zu verlieren, kann sich niemals in ein Nichts verwandeln. Woraufhin der Prozeß sich auch richte, aus welchen Elementen er auch bestehe, wie er sich in seinen Folgen auch zeige und öffentlich vermittle, er versteht sich als ein mit dynamischer Kraft ausgestattetes System von Ideen, das einer bestimmten Gruppe zu eigen ist und in letzter Analyse durch die zentralen Interessen dieser Gruppe bestimmt wird. Das Ideensystem der Juden ist durch eine Geschichte als Leidensgeschichte geprägt, dessen Wesenszüge sich seit Moses' Gedenken auf Überleben ausrichtet.

Während sich die einen ans Leben klammern, indem sie sich den Ausstrahlungen der sozialen wie der geistigen Leidensgeschichte anpassen, indem sie sie hinnehmen und zu ertragen versuchen, sehen die anderen ihr Lebensheil darin, auf die Geschichte des Leidens standhaft zu reagieren, zu kämpfen, um nicht von der Geschichte überwältigt zu werden. Beide Male geht es um *Akte der Bewältigung von Gegenwart und Zukunft*, die ihnen die Geschichte des Leidens überliefert und eingeprägt hat, kurz, die in ihren, den jüdischen Geist eingedrungen sind und als Manifestationen dieses Geistes von der Öffentlichkeit als typisch verstanden werden. So kommt es zu solchen, dem jüdischen Geist zugeschriebenen Benennungen, als da sind: Scharfsinnigkeit, Ironie, Tüchtigkeit, Feigheit oder Mut, Verläßlichkeit, Glaubensstärke oder Assimilation, Schacher, Erfolgssucht und noch so vieles andere mehr — Eigenschaften, die sich allen Menschen zuschreiben lassen und nicht speziell jüdisch sind. Dort indessen, wo es wie bei den Juden gilt, die aus ihrer Geschichte des Leidens hervorgegangenen und sie über Jahrtausende hin stets aufs neue berührenden Situationen zu bewältigen, setzen sich diese allmenschlichen Eigenschaften in Akte und Aktionen, in Verhaltensmuster und Attitüden um, die ungleich in Verteilung, Nutzung und Stärke hervortreten. Gleichwie berühren sie alle den gesamten sozialen und kulturellen Notstand eines Kollektivs, den ihnen eine lange und immer noch nicht beendete Geschichte des Leidens als geistigen Prozeß auferlegt hat.

Das Fazit ist eindeutig: In das Kollektivgedächtnis als einem Instrument wirksamer Kraft eingegangen, haben sich einzelne Aspekte historisch bedingter geistiger Prozesse zusammengefunden. Sie sind zu einem das Gesamt der Juden umfassenden, sich integristisch auswirkenden Geist geworden, der die Geschichte der Juden als Geschichte des Leidens durchzieht und der, wo immer er im Real-Erfaßbaren in Erscheinung tritt, den Namen trägt — *Geist der Bewährung im Überleben.*

Literaturverzeichnis

Jochanan Bloch, Das anstößige Volk, Heidelberg 1964.

R. Breuer, Das Schlagwort vom zersetzenden jüdischen Geist, Berlin 1932.

Hermann Cohen, Religion der Vernunft aus den Quellen des Judentums, Darmstadt 1966.

Gottfried Eisermann, Soziologie und Geschichte, in: *René König* (Hrsg.), Handbuch der empirischen Sozialforschung, 3. Aufl., Stuttgart 1974.

Ismar Elbogen, Ein Jahrhundert jüdischen Lebens, Frankfurt/M. 1967.

Uriah Zevi Engelman, The Rise of the Jew in the Western World, New York 1944.

Inge Fleischhauer und Hillel Klein, Über die jüdische Identität, Königstein/Ts. 1978.

Robert Raphael Geis, Vom unbekannten Judentum, Freiburg/Br. 1961.

Willy Guggenheim, 30mal Israel, 2. Aufl., München/Zürich 1975.

J. Heinemann, Vom jüdischen Geist. Ein Wort an die Ehrlichen unter seinen Anklägern, Berlin 1930.

Friedrich Knilli und Siegfried Zielinski (Hrsg.), Holocaust zur Unterhaltung, Berlin 1982.

Hans Köhler, Die Wirkung des Judentums auf das abendländische Geistesleben, Berlin 1952.

Theodor Lessing, Jüdischer Selbsthaß, Berlin 1930.

F. Muckle, Der Geist der jüdischen Kultur und das Abendland, Wien 1923.

Leonard Reinisch (Hrsg.), Die Juden und die Kultur, Stuttgart 1961.

Zvi Rudy, Soziologie des jüdischen Volkes, Reinbek 1965.

Julius H. Schoeps (Hrsg.), Zionismus. Texte zu seiner Entwicklung, 2. Aufl., Wiesbaden 1983.

Alphons Silbermann, Der ungeliebte Jude. Zur Soziologie des Antisemitismus, Zürich 1981.

Alphons Silbermann, Sind wir Antisemiten? Ausmaß und Wirkung eines sozialen Vorurteils in der Bundesrepublik Deutschland, 2. Aufl., Köln 1982.

Alphons Silbermann, Vorurteilsforschung und Vergangenheitsaufarbeitung, in: Kölner Zeitschrift für Soziologie und Sozialpsychologie, Heft 2, 1983.

TEXTE + THESEN

GESAMTVERZEICHNIS

Wirtschaft

Andreae, Clemens-August
Vom Boß zum Partner
ISBN 3-7201-5154-9

Huppert, Walter
Sozialpolitik — Stolz der Nation
ISBN 3-7201-5145-X

Jenny, Hans
Das neue Afrika
ISBN 3-7201-5127-1

Jungblut, Michael
Je mehr er hat, je mehr er will . . .
ISBN 3-7201-5133-6

Kirsch, Botho
Zwischen Marx und Murks
ISBN 3-7201-5123-9

Obst, Werner
Reiz der Idee —
Pleite der Praxis
Ein deutsch-deutscher
Wirtschaftsvergleich
ISBN 3-7201-5158-1

Pentzlin, Heinz
Arbeitslos — Los der Zukunft?
ISBN 3-7201-5085-2

Schoeck, Helmut
Ist Leistung unanständig?
ISBN 3-7729-5013-2

Zeller, Willy
Die unvollendete Union
ISBN 3-7201-5092-5

Gesellschaft

Helbling, Hanno, Hrsg.
Religionsfreiheit im
20. Jahrhundert
ISBN 3-7201-5094-1

Helle, Horst J.
Familie — Zwischen Bibel
und Kinsey-Report
ISBN 3-7729-5046-9

Hellmer, Joachim
Verdirbt die Gesellschaft?
ISBN 3-7201-5132-8

Höhler, Gertrud
Gesinnungskonkurrenz der
Intellektuellen
ISBN 3-7201-5106-9

Hoff, Klaus
Wie modern ist konservativ heute?
ISBN 3-7729-5038-8

Klose, Werner
Stafetten-Wechsel
Fünf Generationen
formen unsere Welt
ISBN 3-7201-5160-3

Kühn, Evelyn
Viel Staat —
doch wenig Recht
ISBN 3-7201-5137-9

Lehr, Ursula
Ist Frauenarbeit schädlich?
ISBN 3-7201-5116-6

Lenk, Hans
Eigenleistung
Plädoyer für eine
positive Leistungskultur
ISBN 3-7201-5164-6

Leuenberger, Theodor
Lebenskonzepte: Brauchen
wir veränderte Leitbilder?
ISBN 3-7201-5139-5

Lindner, Roland, Hrsg.
Verspielen wir die Zukunft?
Gespräche über Technik
und Glück
ISBN 3-7201-5150-6

Lobkowicz, N./Hertz, A.
Am Ende aller Religion?
ISBN 3-7201-5077-1

Lübbe, Hermann
Zwischen Trend und Tradition
ISBN 3-7201-5136-0

Maier, Hans
Die Grundrechte des Menschen im
modernen Staat
ISBN 3-7729-5036-1

Kultur/Bildung

Natur/Umwelt

Die Reihe wird fortgesetzt. Fordern Sie Sonderprospekte an:

Edition Interfrom · Zürich

Vertrieb für die Bundesrepublik Deutschland:
Verlag A. Fromm · Osnabrück